人力资源和社会保障管理实务手册 2020

上海市劳动和社会保障学会　编

上海社会科学院出版社

前　言

《人力资源和社会保障管理实务手册 2020》是上海市劳动和社会保障学会根据广大会员单位及人力资源和社会保障专业人员等的要求而编撰的一本工具书，希望受到大家的欢迎。

《人力资源和社会保障管理实务手册 2020》由上海市劳动和社会保障学会编撰，上海社会科学院出版社出版，聘请上海唐毅律师事务所唐毅律师为法律顾问。

《人力资源和社会保障管理实务手册 2020》作为实用工具书，在编撰过程中，难免会有不完善之处，敬请广大会员和读者提出宝贵意见与建议。

上海市劳动和社会保障学会

2020 年 6 月

目　录

第一部分　劳动管理

第二部分　保险福利

第三部分　事业单位人事管理

第四部分 争议处理

第五部分 居住证管理

第六部分　人力资源市场管理

第七部分　工会　集体协商　民主管理

第八部分　“新冠”疫情期间劳动用工政策

第九部分　其　　他

第一部分　劳动管理

第一章　劳动用工

一、招工

文　号	标　题	内　容　摘　要	执行时间
上海市劳动和社会保障局沪劳保就发［2003］28号	关于印发《关于改进本市单位办理招退工登记备案手续的意见》的通知	◎用人单位招用劳动者(含建立标准劳动关系和特殊劳动关系)，应自招用之日起30日内，向本市劳动保障部门所属的职业介绍所办妥招工登记备案手续。 ◎用人单位办理招工登记备案手续时，应填写一式三联的“上海市单位招用从业人员名册”并盖章。第一联名册由用人单位直接送达或快递、挂号邮寄至职业介绍所。	2003.7.1
中华人民共和国主席令第70号	中华人民共和国就业促进法	用人单位招用人员，不得以是传染病病原携带者为由拒绝录用。	2008.1.1 2015.4.24 修正

二、退工

文　号	标　题	内　容　摘　要	执行时间
上海市劳动和社会保障局沪劳保就发［2003］28号	关于印发《关于改进本市单位办理招退工登记备案手续的意见》的通知	◎用人单位与劳动者终止或解除劳动(工作)关系后(含标准劳动关系和特殊劳动关系)，应在7日内向职业介绍所办妥退工登记备案手续。 ◎用人单位办理退工登记备案手续时，应填写一式四联的“上海市单位退工证明”并盖章。第一联证明由用人单位直接送达或快递、挂号邮寄至职业介绍所。	2003.7.1
中华人民共和国主席令第65号	中华人民共和国劳动合同法	用人单位应当在解除或者终止劳动合同时出具解除或者终止劳动合同的证明，并在15日内为劳动者办理档案和社会保险关系转移手续。	2008.1.1 2012.12.28 修正

三、登记备案手续涉及的有关事项

文　号	标　题	内　容　摘　要	执行时间
上海市劳动和社会保障局沪劳保就发[2003]28号	关于印发《关于改进本市单位办理招退工登记备案手续的意见》的通知	◎ 用人单位使用持有《劳动手册》或《农村富余劳动力求职登记卡》的劳动者，除办妥招工或退工登记备案手续外，还应在其持有的《劳动手册》或《农村富余劳动力求职登记卡》内做好相应的招工或退工日期记载，并盖章。 ◎《劳动力登记表》内的招工或退工日期也由用人单位记载，并盖章。 ◎ 用人单位使用劳动者为全日制职工的(指标准劳动关系)，在办理招工或退工登记备案手续后，必须按国家和本市档案管理的有关规定，负责做好劳动者人事档案的调集、保管、转移等工作。 ◎ 用人单位使用“协保人员”、“停薪留职人员”、“企业内退人员”、农村富余劳动力和聘用退休人员或使用持有引进人才《上海市居住证》(A类)人员，以及用人单位以非全日制劳动合同形式使用的劳动者，均应按规定办理招退工登记备案手续。 ◎ 用人单位也可向职业介绍所申请，直接在上海市人力资源和社会保障服务网(网址：www.12333sh.gov.cn)办理劳动者的招工或者退工登记备案手续。	2003.7.1

四、社会保险登记、变更、注销

文　号	标　题	内　容　摘　要	执行时间
中华人民共和国主席令第25号	中华人民共和国社会保险法（2018修正）	◎ 用人单位应当自成立之日起三十日内凭营业执照、登记证书或者单位印章，向当地社会保险经办机构申请办理社会保险登记。社会保险经办机构应当自收到申请之日起十五日内予以审核，发给社会保险登记证件。 　　用人单位的社会保险登记事项发生变更或者用人单位依法终止的，应当自变更或者终止之日起三十日内，到社会保险经办机构办理变更或者注销社会保险登记。 ◎ 用人单位应当自用工之日起三十日内为其职工向社会保险经办机构申请办理社会保险登记。未办理社会保险登记的，由社会保险经办机构核定其应当缴纳的社会保险费。 　　自愿参加社会保险的无雇工的个体工商户、未在用人单位参加社会保险的非全日制从业人员以及其他灵活就业人员，应当向社会保险经办机构申请办理社会保险登记。 　　国家建立全国统一的个人社会保障号码。个人社会保障号码为公民身份号码。	2018.12.29
上海市人民政府令第117号	上海市社会保险费征缴实施办法	◎ 新成立的缴费单位应当自成立之日起30日内，持营业执照或者登记证书等有关证件，到社会保险经办机构办理社会保险登记。社会保险经办机构审核后，发给社会保险登记证件。 ◎ 社会保险登记事项包括：单位名称、住所、经营地点、单位类型、法定代表人或者负责人、开户银行账号以及国务院劳动保障行政部门规定的其他事项。 ◎ 缴费单位的社会保险登记事项发生变更的，应当自变更之日起30日内，到原登记机构办理变更社会保险登记手续。 ◎ 缴费单位因撤销、解散、破产以及其他情形依法终止的，应当自终止之日起30日内，到原登记机构办理注销社会保险登记手续。	2002.4.10 2010.12.20 修正

五、劳动合同

文　号	标　题	内 容 摘 要	执行时间
中华人民共和国主席令第 65 号	中华人民共和国劳动合同法	◎ 劳动合同订立 用人单位自用工之日起即与劳动者建立劳动关系，未同时订立书面劳动合同的，应当自用工之日起一个月内订立书面劳动合同。 劳动合同分为固定期限劳动合同、无固定期限劳动合同和以完成一定工作任务为期限的劳动合同。 1. 用人单位与劳动者协商一致，可以订立无固定期限劳动合同。有下列情形之一，劳动者提出或者同意续订、订立劳动合同的，除劳动者提出订立固定期限劳动合同外，应当订立无固定期限劳动合同： (1) 劳动者在该用人单位连续工作满 10 年的； (2) 用人单位初次实行劳动合同制度或者国有企业改制重新订立劳动合同时，劳动者在该用人单位连续工作满十年且距法定退休年龄不足十年的； (3) 连续订立二次固定期限劳动合同，且劳动者没有本法第三十九条和第四十条第一项、第二项规定的情形，续订劳动合同的。 连续订立固定期限劳动合同的次数，自本法施行后续订固定期限劳动合同时开始计算。 2. 用人单位自用工之日起满一年不与劳动者订立书面合同的，视为用人单位与劳动者已订立无固定期限劳动合同。 3. 劳动合同文本、变更后的劳动合同文本由用人单位和劳动者各执一份。 4. 用人单位对已经解除或者终止的劳动合同的文本，至少保存两年备查。	2008.1.1 2012.12.28 修正

（续表）

文 号	标 题	内 容 摘 要	执行时间
中华人民共和国国务院令第535号	中华人民共和国劳动合同法实施条例	◎ 劳动合同订立 自用工之日起一个月内，经用人单位书面通知后，劳动者不与用人单位订立书面劳动合同的，用人单位应当书面通知劳动者终止劳动关系，无需向劳动者支付经济补偿，但是应当依法向劳动者支付其实际工作时间的劳动报酬。 用人单位自用工之日起超过一个月不满一年未与劳动者订立书面劳动合同的，应当依照劳动合同法第八十二条的规定向劳动者每月支付两倍的工资，并与劳动者补订书面劳动合同；劳动者不与用人单位订立书面劳动合同的，用人单位应当书面通知劳动者终止劳动关系，并依照劳动合同法第四十七条的规定支付经济补偿。 用人单位自用工之日起满一年未与劳动者订立书面劳动合同的，自用工之日起满一个月的次日至满一年的前一日应当依照劳动合同法第八十二条的规定向劳动者每月支付两倍的工资，并视为自用工之日起满一年的当日已经与劳动者订立无固定期限劳动合同，应当立即与劳动者补订书面劳动合同。	2008.9.18
中华人民共和国主席令第65号	中华人民共和国劳动合同法	◎ 试用期 劳动合同期限三个月以上不满一年的，试用期不得超过一个月；劳动合同期限一年以上不满三年的，试用期不得超过两个月；三年以上固定期限和无固定期限的劳动合同，试用期不得超过六个月。 同一用人单位与同一劳动者只能约定一次试用期。 以完成一定工作任务为期限的劳动合同或者劳动合同期限不满三个月的，不得约定试用期。 劳动者在试用期的工资不得低于本单位相同岗位最低档工资或者劳动合同约定工资的80%，并不得低于用人单位所在地的最低工资标准。	2008.1.1 2012.12.28修正

（续表）

文　号	标　题	内　容　摘　要	执行时间
中华人民共和国国务院令第535号	中华人民共和国劳动合同法实施条例	◎ 试用期 劳动者在试用期的工资不得低于本单位相同岗位最低档工资的80%或者不得低于劳动合同约定工资的80%，并不得低于用人单位所在地的最低工资标准。	2008.9.18
中华人民共和国主席令第65号	中华人民共和国劳动合同法	◎ 服务期 用人单位为劳动者提供专项培训费用，对其进行专业技术培训，可以与该劳动者订立协议，约定服务期。 劳动者违反服务期约定的，应当按照约定向用人单位支付违约金。违约金的数额不得超过用人单位提供的培训费用。用人单位要求劳动者支付的违约金不得超过服务期尚未履行部分所应分摊的培训费用。 用人单位与劳动者约定服务期的，不影响按照正常的工资调整机制提高劳动者在服务期期间的劳动报酬。	2008.1.1 2012.12.28修正
中华人民共和国国务院令第535号	中华人民共和国劳动合同法实施条例	◎ 服务期 劳动合同法第二十二条第二款规定的培训费用，包括用人单位为了对劳动者进行专业技术培训而支付的有凭证的培训费用、培训期间的差旅费用以及因培训产生的用于该劳动者的其他直接费用。 劳动合同期满，但是用人单位与劳动者约定的服务期尚未到期的，劳动合同应当续延至服务期满；双方另有约定的，从其约定。	2008.9.18

（续表）

文　号	标　题	内　容　摘　要	执行时间
中华人民共和国主席令第 73 号	中华人民共和国劳动合同法（2012 修正）	◎ 劳动合同解除 用人单位与劳动者协商一致，可以解除劳动合同。 劳动者提前三十日以书面形式通知用人单位，可以解除劳动合同。劳动者在试用期内提前三日通知用人单位，可以解除劳动合同。 ◎ 用人单位有下列情形之一的，劳动者可以解除劳动合同： （一）未按照劳动合同约定提供劳动保护或者劳动条件的； （二）未及时足额支付劳动报酬的； （三）未依法为劳动者缴纳社会保险费的； （四）用人单位的规章制度违反法律、法规的规定，损害劳动者权益的； （五）因本法第二十六条第一款规定的情形致使劳动合同无效的； （六）法律、行政法规规定劳动者可以解除劳动合同的其他情形。 用人单位以暴力、威胁或者非法限制人身自由的手段强迫劳动者劳动的，或者用人单位违章指挥、强令冒险作业危及劳动者人身安全的，劳动者可以立即解除劳动合同，不需事先告知用人单位。 ◎ 劳动者有下列情形之一的，用人单位可以解除劳动合同： （一）在试用期间被证明不符合录用条件的； （二）严重违反用人单位的规章制度的； （三）严重失职，营私舞弊，给用人单位造成重大损害的； （四）劳动者同时与其他用人单位建立劳动关系，对完成本单位的工作任	2008.1.1 2012.12.28 修正

（续表）

文　号	标　题	内　容　摘　要	执行时间
中华人民共和国主席令第73号	中华人民共和国劳动合同法（2012修正）	务造成严重影响，或者经用人单位提出，拒不改正的； （五）因本法第二十六条第一款第一项规定的情形致使劳动合同无效的； （六）被依法追究刑事责任的。 ◎有下列情形之一的，用人单位提前三十日以书面形式通知劳动者本人或者额外支付劳动者一个月工资后，可以解除劳动合同： （一）劳动者患病或者非因工负伤，在规定的医疗期满后不能从事原工作，也不能从事由用人单位另行安排的工作的； （二）劳动者不能胜任工作，经过培训或者调整工作岗位，仍不能胜任工作的； （三）劳动合同订立时所依据的客观情况发生重大变化，致使劳动合同无法履行，经用人单位与劳动者协商，未能就变更劳动合同内容达成协议的。 ◎有下列情形之一，需要裁减人员二十人以上或者裁减不足二十人但占企业职工总数百分之十以上的，用人单位提前三十日向工会或者全体职工说明情况，听取工会或者职工的意见后，裁减人员方案经向劳动行政部门报告，可以裁减人员： （一）依照企业破产法规定进行重整的； （二）生产经营发生严重困难的； （三）企业转产、重大技术革新或者经营方式调整，经变更劳动合同后，仍需裁减人员的； （四）其他因劳动合同订立时所依据的客观经济情况发生重大变化，致使劳动合同无法履行的。 裁减人员时，应当优先留用下列人员：	2008.1.1 2012.12.28修正

（续表）

文　号	标　题	内　容　摘　要	执行时间
中华人民共和国主席令第73号	中华人民共和国劳动合同法（2012修正）	（一）与本单位订立较长期限的固定期限劳动合同的； （二）与本单位订立无固定期限劳动合同的； （三）家庭无其他就业人员，有需要扶养的老人或者未成年人的。 用人单位依照本条第一款规定裁减人员，在六个月内重新招用人员的，应当通知被裁减的人员，并在同等条件下优先招用被裁减的人员。 ◎劳动者有下列情形之一的，用人单位不得依照本法第四十条、第四十一条的规定解除劳动合同： （一）从事接触职业病危害作业的劳动者未进行离岗前职业健康检查，或者疑似职业病病人在诊断或者医学观察期间的； （二）在本单位患职业病或者因工负伤并被确认丧失或者部分丧失劳动能力的； （三）患病或者非因工负伤，在规定的医疗期内的； （四）女职工在孕期、产期、哺乳期的； （五）在本单位连续工作满十五年，且距法定退休年龄不足五年的； （六）法律、行政法规规定的其他情形。	2008.1.1 2012.12.28修正
中华人民共和国国务院令第535号	中华人民共和国劳动合同法实施条例	◎有下列情形之一的，依照劳动合同法规定的条件、程序，劳动者可以与用人单位解除固定期限劳动合同、无固定期限劳动合同或者以完成一定工作任务为期限的劳动合同： （一）劳动者与用人单位协商一致的；	2008.09.18

（续表）

文　号	标　题	内　容　摘　要	执行时间
中华人民共和国国务院令第535号	中华人民共和国劳动合同法实施条例	（二）劳动者提前30日以书面形式通知用人单位的； （三）劳动者在试用期内提前3日通知用人单位的； （四）用人单位未按照劳动合同约定提供劳动保护或者劳动条件的； （五）用人单位未及时足额支付劳动报酬的； （六）用人单位未依法为劳动者缴纳社会保险费的； （七）用人单位的规章制度违反法律、法规的规定，损害劳动者权益的； （八）用人单位以欺诈、胁迫的手段或者乘人之危，使劳动者在违背真实意思的情况下订立或者变更劳动合同的； （九）用人单位在劳动合同中免除自己的法定责任、排除劳动者权利的； （十）用人单位违反法律、行政法规强制性规定的； （十一）用人单位以暴力、威胁或者非法限制人身自由的手段强迫劳动者劳动的； （十二）用人单位违章指挥、强令冒险作业危及劳动者人身安全的； （十三）法律、行政法规规定劳动者可以解除劳动合同的其他情形。 ◎有下列情形之一的，依照劳动合同法规定的条件、程序，用人单位可以与劳动者解除固定期限劳动合同、无固定期限劳动合同或者以完成一定工作任务为期限的劳动合同： （一）用人单位与劳动者协商一致的； （二）劳动者在试用期间被证明不符合录用条件的；	2008.09.18

（续表）

文　号	标　题	内　容　摘　要	执行时间
中华人民共和国国务院令第535号	中华人民共和国劳动合同法实施条例	（三）劳动者严重违反用人单位的规章制度的； （四）劳动者严重失职，营私舞弊，给用人单位造成重大损害的； （五）劳动者同时与其他用人单位建立劳动关系，对完成本单位的工作任务造成严重影响，或者经用人单位提出，拒不改正的； （六）劳动者以欺诈、胁迫的手段或者乘人之危，使用人单位在违背真实意思的情况下订立或者变更劳动合同的； （七）劳动者被依法追究刑事责任的； （八）劳动者患病或者非因工负伤，在规定的医疗期满后不能从事原工作，也不能从事由用人单位另行安排的工作的； （九）劳动者不能胜任工作，经过培训或者调整工作岗位，仍不能胜任工作的； （十）劳动合同订立时所依据的客观情况发生重大变化，致使劳动合同无法履行，经用人单位与劳动者协商，未能就变更劳动合同内容达成协议的； （十一）用人单位依照企业破产法规定进行重整的； （十二）用人单位生产经营发生严重困难的； （十三）企业转产、重大技术革新或者经营方式调整，经变更劳动合同后，仍需裁减人员的； （十四）其他因劳动合同订立时所依据的客观经济情况发生重大变化，致使劳动合同无法履行的。	2008.09.18

（续表）

文　号	标　题	内　容　摘　要	执行时间
中华人民共和国主席令第 73 号	中华人民共和国劳动合同法（2012 修正）	◎ 劳动合同的终止 有下列情形之一的，劳动合同终止： （一）劳动合同期满的； （二）劳动者开始依法享受基本养老保险待遇的； （三）劳动者死亡，或者被人民法院宣告死亡或者宣告失踪的； （四）用人单位被依法宣告破产的； （五）用人单位被吊销营业执照、责令关闭、撤销或者用人单位决定提前解散的； （六）法律、行政法规规定的其他情形。	2008.1.1 2012.12.28 修正
中华人民共和国国务院令第 535 号	中华人民共和国劳动合同法实施条例	劳动者达到法定退休年龄的，劳动合同终止。	2008.09.18

六、特殊人员就业

文　号	标　题	内　容　摘　要	执行时间
国务院国发［2015］24 号	国务院关于大力发展电子商务加快培育经济新动力的意见	◎ 保障从业人员劳动权益。规范电子商务企业特别是网络商户劳动用工，经工商登记注册取得营业执照的，应与招用的劳动者依法签订劳动合同；未进行工商登记注册的，也可参照劳动合同法相关规定与劳动者签订民事协议，明确双方的权利、责任和义务。按规定将网络从业人员纳入各项社会保险，对未进行工商登记注册的网络商户，其从业人员可按灵活就业人员参保缴费办法参加社会保险。符合条件的就业困难人员和高校毕业生，可享受灵活就业人员社会保险补贴政策。长期雇用 5 人及以上的网络商户，可在工商注册地进行社会保险登记，参加企业职工的各项社会保险。满足统筹地区社会保险优惠政策条件的网络商户，可享受社会保险优惠政策。	2015.5.4

（续表）

文　号	标　题	内　容　摘　要	执行时间
劳动部劳部发[1995]309号	关于贯彻执行《中华人民共和国劳动法》若干问题的意见	在校生利用业余时间勤工助学，不视为就业，未建立劳动关系，可以不签订劳动合同。	1995.8.4
上海市劳动和社会保障局沪劳保关发[2003]24号	关于特殊劳动关系有关问题的通知	◎ 特殊劳动关系是现行劳动法律调整的标准劳动关系和民事法律调整的民事劳务关系以外的一种用工关系，其劳动者一方在用人单位从事有偿劳动、接受管理，但与另一用人单位存有劳动合同关系或不符合劳动法律规定的主体条件。 ◎ 用人单位使用下列人员之一的形成特殊劳动关系： （1）协议保留社会保险关系人员； （2）企业内部退养人员； （3）停薪留职人员； （4）专业劳务公司输出人员； （5）退休人员； （6）未经批准使用的外来从业人员； （7）符合前条规定的其他人员。 ◎ 用人单位与劳动者形成特殊劳动关系，应当参照执行以下劳动标准： （1）工作时间规定； （2）劳动保护规定； （3）最低工资规定。	2003.4.25
最高人民法院法释[2010]12号	关于审理劳动争议案件适用法律若干问题的解释（三）	◎ 企业停薪留职人员、未达到法定退休年龄的内退人员、下岗待岗人员以及企业经营性停产放长假人员，因与新的用人单位发生用工争议，依法向人民法院提起诉讼的，人民法院应当按劳动关系处理。 ◎ 用人单位与其招用的已经依法享受养老保险待遇或领取退休金的人员发生用工争议，向人民法院提起诉讼的，人民法院应当按劳务关系处理。	2010.9.14

（续表）

文　号	标　题	内　容　摘　要	执行时间
上海市人力资源和社会保障局沪人社就发[2016]56 号	关于鼓励本市“特定就业困难人员”在特定行业就业的通知	◎ 本市从事绿化市容、物业管理、涉老服务、邮政快递、养护服务行业的用人单位，以及涉农企业和区县级及以上示范农民合作社，吸纳按照《关于进一步做好就业援助工作的若干意见》（沪人社就[2016]54 号）规定认定的“特定就业困难人员”，可按规定申请岗位补贴。 ◎ 特定行业的用人单位和涉农企业应与吸纳的“特定就业困难人员”签订一年以上劳动合同，在合同中明确且实际安排在该单位的一线非管理类工作岗位就业，并按规定办理用工登记备案手续和缴纳社会保险费。农民合作社相关从业人员需按规定办理就业登记手续并参加本市职工社会保险。 ◎ 已经按照本市相关规定，纳入特定行业补贴范围的用人单位，可以根据吸纳的“特定就业困难人员”情况，按照《关于进一步做好就业援助工作的若干意见》（沪人社就发[2016]54 号）规定的标准和期限享受岗位补贴，补贴期限从本通知实施之日起计算。	2017.1.1～2021.12.31

第二章　工作时间

一、标准工时

文　号	标　题	内　容　摘　要	执行时间
中华人民共和国国务院令第174号	国务院关于职工工作时间的规定	职工每日工作8小时，每周工作40小时。因工作性质或生产特点的限制，不能实行标准工时制度的，按照国家有关规定，可以实行其他工作和休息办法。	1995.5.1
中华人民共和国主席令第28号	中华人民共和国劳动法	用人单位应当保证劳动者每周至少休息一日。	1995.1.1
劳动和社会保障部劳社部发[2008]3号	关于职工全年月平均工作时间和工资折算问题的通知	◎ 年工作日： 365天－104天(休息日)－11天(法定节假日)＝250天 ◎ 季工作日： 250天÷4季＝62.5天/季 ◎ 月工作日： 250天÷12月＝20.83天/月 ◎ 工作小时数的计算： 以月、季、年的工作日乘以每日的8小时。	2008.1.3

二、不定时工作制和综合计算工时工作制

文　号	标　题	内　容　摘　要	执行时间
劳部发[1994]503号	关于企业实行不定时工作制和综合计算工时工作制的审批办法	◎ 企业因生产特点不能实行《中华人民共和国劳动法》第三十六条、第三十八条规定的，可以实行不定时工作制或综合计算工时工作制等其他工作和休息办法。 ◎ 企业对符合下列条件之一的职工，可以实行不定时工作制。 （一）企业中的高级管理人员、外勤人员、推销人员、部分值班人员和其他因工作无法按标准工作时间衡量的职工；	1995.1.1

（续表）

文　号	标　题	内　容　摘　要	执行时间
劳部发[1994]503号	关于企业实行不定时工作制和综合计算工时工作制的审批办法	（二）企业中的长途运输人员、出租汽车司机和铁路、港口、仓库的部分装卸人员以及因工作性质特殊，需机动作业的职工； （三）其他因生产特点、工作特殊需要或职责范围的关系，适合实行不定时工作制的职工。 ◎ 企业对符合下列条件之一的职工，可实行综合计算工时工作制，即分别以周、月、季、年等为周期，综合计算工作时间，但其平均日工作时间和平均周工作时间应与法定标准工作时间基本相同。 （一）交通、铁路、邮电、水运、航空、渔业等行业中因工作性质特殊，需连续作业的职工； （二）地质及资源勘探、建筑、制盐、制糖、旅游等受季节和自然条件限制的行业的部分职工； （三）其他适合实行综合计算工时工作制的职工。	1995.1.1
上海市劳动和社会保障局沪劳保福发[2006]40号	关于印发《本市企业实行不定时工作制和综合计算工时工作制的审批办法》的通知	◎ 不定时工作制是指企业因工作情况特殊，需要安排职工机动作业，无法实行标准工时制度，采用不确定工作时间的工时制度。 ◎ 综合计算工时工作制是指企业因工作情况特殊或受季节和自然条件限制，需要安排职工连续作业，无法实行标准工时制度，采用以周、月、季、年等为周期综合计算工作时间的工时制度。	2007.1.1

（续表）

文　号	标　题	内　容　摘　要	执行时间
上海市劳动和社会保障局沪劳保福发［2006］40号	关于印发《本市企业实行不定时工作制和综合计算工时工作制的审批办法》的通知	◎ 企业实行不定时工作制和综合计算工时工作制应当向企业工商登记注册地的区县劳动和社会保障局提出申请。但企业实行以年为周期综合计算工时工作制（包括同时申请实行不定时工作制）的，应当向市劳动保障行政部门提出申请。 ◎ 申请企业应当填写《企业实行不定时工作制和综合计算工时工作制申请表》并递交下列申请材料： 1. 企业营业执照副本复印件和组织机构代码证复印件； 2. 企业对员工工作和休息安排的计划；对确有必要的，劳动保障行政部门可以要求申请单位提供相关的职工名册、考勤记录等其他材料。 ◎ 劳动保障行政部门自收到申请之日起5个工作日内，应当作出是否受理的决定，并书面告知申请单位。 ◎ 劳动保障行政部门应当自受理申请之日起20个工作日内作出是否准予实行不定时工作制或综合计算工时工作制的决定，并书面批复申请单位。因情况特殊需延长审查期限的，经本部门主管领导批准，可延长10个工作日。	2007.1.1

三、延长工作时间

文　号	标　题	内　容　摘　要	执行时间
中华人民共和国主席令第28号	中华人民共和国劳动法	用人单位由于生产经营需要，经与工会和劳动者协商后可延长工作时间，一般每日不得超过1小时；因特殊原因需要延长工作时间的，在保障劳动者身体健康的条件下延长工作时间每日不得超过3小时，但是每月不得超过36小时。	1995.1.1

第三章　休息休假

一、法定节假日

文　号	标　题	内　容　摘　要	执行时间
中华人民共和国国务院令第644号	国务院关于修改《全国年节及纪念日放假办法》的决定	◎ 全体公民放假的节日： 新年，放假1天(1月1日)； 春节，放假3天(农历正月初一、初二、初三)； 清明节，放假1天(农历清明当日)； 劳动节，放假1天(5月1日)； 端午节，放假1天(农历端午当日)； 中秋节，放假1天(农历中秋当日)； 国庆节，放假3天(10月1日、2日、3日)。 ◎ 部分公民放假的节日及纪念日： 妇女节(3月8日)，妇女放假半天； 青年节(5月4日)，14周岁以上的青年放假半天； 儿童节(6月1日)，不满14周岁的少年儿童放假1天； 中国人民解放军建军纪念日(8月1日)，现役军人放假半天。 ◎ 少数民族习惯的节日： 由各少数民族聚居地区的地方人民政府，按照该民族习惯，规定放假日期。 ◎ 二七纪念日、五卅纪念日、七七抗战纪念日、九三抗战胜利纪念日、九一八纪念日、教师节、护士节、记者节、植树节等其他节日、纪念日，均不放假。 ◎ 全体公民放假的假日，如果适逢星期六、星期日，应当在工作日补假。部分公民放假的假日，如果适逢星期六、星期日，则不补假。	2014.1.1

二、年休假

文　号	标　题	内　容　摘　要	执行时间
中华人民共和国国务院令第514号	职工带薪年休假条例	◎ 机关、团体、企业、事业单位、民办非企业单位、有雇工的个体工商户等单位的职工连续工作1年以上的，享受带薪年休假(以下简称年休假)。单位应当保证职工享受年休假。职工在年休假期间享受与正常工作期间相同的工资收入。 ◎ 职工累计工作已满1年不满10年的，年休假5天；已满10年不满20年的，年休假10天；已满20年的，年休假15天。 ◎ 职工不享受当年年休假的情况： 1. 职工依法享受寒暑假，其休假天数多于年休假天数的； 2. 职工请事假累计20天以上且单位按照规定不扣工资的； 3. 累计工作满1年不满10年的职工，请病假累计2个月以上的； 4. 累计工作满10年不满20年的职工，请病假累计3个月以上的； 5. 累计工作满20年以上的职工，请病假累计4个月以上的。 ◎ 年休假在1个年度内可以集中安排，也可以分段安排，一般不跨年度安排。单位因生产、工作特点确有必要跨年度安排职工年休假的，可以跨1个年度安排。 单位确因工作需要不能安排职工休年休假的，经职工本人同意，可以不安排职工休年休假。对职工应休未休的年休假天数，单位应当按照该职工日工资收入的300%支付年休假工资报酬。	2008.1.1

（续表）

文　号	标　题	内　容　摘　要	执行时间
中华人民共和国人力资源和社会保障部令第1号	企业职工带薪年休假实施办法	◎职工新进用人单位符合享受年休假规定的，当年度年休假天数，按照在本单位剩余日历天数折算确定，折算后不足1整天的部分不享受年休假。 折算方法为：（当年度在本单位剩余日历天数÷365天）×职工本人全年应当享受的年休假天数。 ◎计算未休年休假工资报酬的日工资收入按照职工本人的月工资除以月计薪天数（21.75天）进行折算。 ◎月工资是指职工在用人单位支付其未休年休假工资报酬前12个月剔除加班工资后的月平均工资。在本用人单位工作时间不满12个月的，按实际月份计算月平均工资。 ◎用人单位与职工解除或者终止劳动合同时，当年度未安排职工休满应休年休假的，应当按照职工当年已工作时间折算应休未休年休假天数并支付未休年休假工资报酬，但折算后不足1整天的部分不支付未休年休假工资报酬。 折算方法为：（当年度在本单位已过日历天数÷365天）×职工本人全年应当享受的年休假天数－当年度已安排年休假天数。 ◎用人单位当年已安排职工年休假的，多于折算应休年休假的天数不再扣回。	2008.9.18
中华人民共和国人力资源和社会保障部办公厅人社厅函［2009］149号	关于《企业职工带薪年休假实施办法》有关问题的复函	◎《企业职工带薪年休假实施办法》第三条中的“职工连续工作满12个月以上”，既包括职工在同一用人单位连续工作满12个月以上的情形，也包括职工在不同用人单位连续工作满12个月以上的情形。 ◎《企业职工带薪年休假实施办法》第四条中的“累计工作时间”，包括职工在机关、团体、企业、事业单位、民办非企业单位、有雇工的个体工商户等单位从事全日制工作期间，以及依法服兵役和其他按照国家法律、行政法规和国务院规定可以计算为工龄的期间（视同工作期间）。职工的累计工作时间可以根据档案记载、单位缴纳社保费记录、劳动合同或者其他具有法律效力的证明材料确定。	2009.4.15

三、婚假

文　号	标　题	内　容　摘　要	执行时间
中华人民共和国主席令第51号	中华人民共和国婚姻法	结婚年龄，男不得早于22周岁，女不得早于20周岁。	1981.1.1 2001.4.28修正
国家劳动总局[80]劳总薪字29号	关于国营企业职工请婚丧假和路程假问题的通知	职工本人结婚，酌情给予一到三天婚假。	1980.2.20
上海市人民代表大会常务委员会公告第36号	上海市人口与计划生育条例(2016修正)	◎ 符合法律规定结婚的公民，除享受国家规定的婚假外，增加婚假7天。	2016.3.1
上海市人民政府沪府发[2016]46号	关于印发修订后的《上海市计划生育奖励与补助若干规定》的通知	◎ 增加的婚假一般应当与婚假合并连续使用，享受婚假同等待遇。 ◎ 增加的婚假遇法定节假日顺延。	2016.7.8 ～ 2021.7.7

四、丧假

文　号	标　题	内　容　摘　要	执行时间
国家劳动总局[80]劳总薪字29号	关于国营企业职工请婚丧假和路程假问题的通知	职工的直系亲属(父母、配偶和子女)死亡时，由本单位行政领导批准，酌情给予一到三天的丧假。	1980.2.20
上海市劳动局沪劳资发[87]130号	关于职工的岳父母或公婆等亲属死亡后可给予请丧假问题的通知	职工的岳父母或公婆死亡后，需要职工料理丧事的，由本单位行政领导批准，可给予一至三天的丧假。	1987.10.15

五、探亲假

（一）职工探亲

<table>
<tr><td rowspan="2">项目
对象</td><td colspan="5" rowspan="2">探望配偶</td><td colspan="3">探望父母（包括自幼抚养职工长大的亲属）</td></tr>
<tr><td>未婚职工</td><td colspan="2">已婚职工</td></tr>
<tr><td>条件</td><td colspan="5">工作满一年，与配偶不住在一起又不能利用公休假日在家居住一昼夜的</td><td>与父母都不住在一起，又不能在公休假日团聚的</td><td colspan="2">同左</td></tr>
<tr><td>假期（路程假按实际需要另加）</td><td colspan="5">每年一次 30 天（个别职工因往返时间长自愿二年一次的为 60 天）</td><td>每年一次 20 天（自愿二年一次的为 45 天）</td><td colspan="2">每四年一次 20 天</td></tr>
<tr><td rowspan="2">路费报销</td><td>火车</td><td>轮船</td><td colspan="2">长途汽车以及市内交通费（不包括出租车辆）</td><td>中转住宿每次</td><td>同左</td><td>往返路费在本人月工资 30%以内</td><td>超过 30%部分</td></tr>
<tr><td>硬座</td><td>50 周岁以上，乘火车 48 小时以上报硬卧</td><td>四等舱位</td><td>凭据报销</td><td>一天</td><td>同左</td><td>自理</td><td>报销</td></tr>
<tr><td>中华人民共和国主席令第 72 号</td><td colspan="2">老年人权益保障法</td><td colspan="4">与老年人分开居住的家庭成员，应当经常看望或者问候老年人。用人单位应当按照国家有关规定保障赡养人探亲休假的权利。</td><td colspan="2">2013.7.1 执行</td></tr>
</table>

（二）归侨、侨眷职工探亲

<table>
<tr><th>文　号</th><th>标　题</th><th>探亲对象</th><th>探亲假期</th><th>执行日期</th></tr>
<tr><td rowspan="4">国务院侨办[82]侨政会字第011号</td><td rowspan="4">关于归侨、侨眷职工出境探亲待遇问题的通知</td><td>探望配偶</td><td>四年以上(含四年)一次的，给假半年；不足四年的，按每年给假一个月计算。</td><td rowspan="4">1982.4.9</td></tr>
<tr><td>未　婚
探望父母</td><td>四年以上(含四年)一次的，给假四个月；
三年一次的，给假70天；
二年一次的，给假45天；
一年一次的，给假20天。</td></tr>
<tr><td>已　婚
探望父母</td><td>每四年给假一次。假期为40天，不予累计。</td></tr>
<tr><td colspan="2">另外，按实际需要给予路程假。上述假期包括公休假日和法定节日。</td></tr>
</table>

（三）台胞、台属职工探亲

<table>
<tr><th>文　号</th><th>标　题</th><th>探亲对象</th><th>探亲假期</th><th>执行日期</th></tr>
<tr><td rowspan="5">劳动人事部劳人险[1983]16号</td><td rowspan="5">关于台胞职工出境探亲待遇的通知</td><td>探望配偶</td><td>四年以上(含四年)一次的，给假半年；不足四年的，按每年给假一个月计算。</td><td rowspan="5">1983.4.6</td></tr>
<tr><td>未　婚
探望父母</td><td>四年以上(含四年)一次的，给假四个月；
三年一次的，给假70天；
二年一次的，给假45天；
一年一次的，给假20天。</td></tr>
<tr><td>已　婚
探望父母</td><td>每四年给假一次。假期为40天，不得续假。</td></tr>
<tr><td colspan="2">境内探亲按国务院关于职工探亲待遇的规定。</td></tr>
<tr><td colspan="2">另外，按实际需要给予路程假。上述假期包括公休假日和法定节日。</td></tr>
</table>

六、医疗期标准

文号	标题	内容摘要	执行时间
上海市人民政府*	上海市人民政府印发修改后的《关于本市劳动者在履行劳动合同期间患病或者非因工负伤的医疗期标准的规定》的通知	◎ 医疗期是指劳动者患病或者非因工负伤停止工作治病休息,用人单位不得因此解除劳动合同的期限。 ◎ 医疗期按劳动者在本用人单位的工作年限设置。劳动者在本单位工作第1年,医疗期为3个月;以后工作每满1年,医疗期增加1个月,但不超过24个月。 ◎ 劳动者经劳动能力鉴定委员会鉴定为完全丧失劳动能力但不符合退休、退职条件的,应当延长医疗期。延长的医疗期由用人单位与劳动者具体约定,但约定延长的医疗期与前条规定的医疗期合计不得低于24个月。 ◎ 下列情形中关于医疗期的约定长于上述规定的,从其约定: 1. 集体合同对医疗期有特别约定的; 2. 劳动合同对医疗期有特别约定的; 3. 用人单位内部规章制度对医疗期有特别规定的。 ◎ 本规定施行前已经履行的劳动合同,其医疗期按照当时本市的相关规定执行。	2020.7.1～2025.6.30
上海市劳动和社会保障局沪劳保关发[2002]28号	关于贯彻上海市人民政府《关于本市劳动者在履行劳动合同期间患病或者非因工负伤的医疗期标准的规定》的通知	医疗期按劳动者在本单位的工作年限设置,劳动者在本单位工作期间累计病休时间超过按规定享受的医疗期,用人单位可以依法与其解除劳动合同。	2002.6.4

* 至截稿,文号尚未公布。

第四章　劳动报酬

一、最低工资标准

文　号	标　题	内　容　摘　要	执行时间
上海市人力资源和社会保障局	/	◎ 2020 年本市月最低工资标准不调整，继续为 2 480 元。 ◎ 下列项目不作为月最低工资的组成部分： 1. 延长工作时间的工资。 2. 中夜班津贴、夏季高温津贴及有毒有害等特殊工作环境下的岗位津贴。 3. 伙食补贴、上下班交通费补贴、住房补贴。 4. 个人依法缴纳的社会保险费和住房公积金。	2020.7.1

附一：历年本市最低工资标准

单位：元

年　份	2011	2012	2013	2014	2015
最低工资	1 280	1 450	1 620	1 820	2 020
年　份	2016	2017	2018	2019	2020
最低工资	2 190	2 300	2 420	2 480	2 480

二、工资的折算

文　号	标　题	内　容　摘　要	执行时间
劳动和社会保障部劳社部发［2008］3 号	关于职工全年月平均工作时间和工资折算问题的通知	日工资、小时工资的折算： 日工资：月工资收入÷月计薪天数 小时工资：月工资收入÷（月计薪天数×8 小时） 月计薪天数＝（365 天－104 天）÷12 月＝21.75 天	2008.1.3

（续表）

文　号	标　题	内　容　摘　要	执行时间
上海市劳动和社会保障局沪劳保综发［2008］3号	关于转发劳动和社会保障部《关于职工全年月平均工作时间和工资折算问题的通知》的通知	凡涉及日工资、小时工资折算的相关事宜，均按此规定执行。	2008.1.15

三、加班工资和假期工资

文　号	标　题	内　容　摘　要	执行时间
上海市人力资源和社会保障局沪人社综发[2016]29号	关于印发《上海市企业工资支付办法》的通知	◎ 加班工资和假期工资的计算基数为劳动者所在岗位相对应的正常出勤月工资，不包括年终奖，上下班交通补贴、工作餐补贴、住房补贴，中夜班津贴、夏季高温津贴、加班工资等特殊情况下支付的工资。 ◎ 加班工资和假期工资的计算基数按以下原则确定： （一）劳动合同对劳动者月工资有明确约定的，按劳动合同约定的劳动者所在岗位相对应的月工资确定；实际履行与劳动合同约定不一致的，按实际履行的劳动者所在岗位相对应的月工资确定。 （二）劳动合同对劳动者月工资未明确约定，集体合同（工资专项集体合同）对岗位相对应的月工资有约定的，按集体合同（工资专项集体合同）约定的与劳动者岗位相对应的月工资确定。 （三）劳动合同、集体合同（工资专项集体合同）对劳动者月工资均无约定的，按劳动者正常出勤月依照本办法第二条规定的工资（不包括加班工资）的70％确定。	2016.8.1～2021.7.31

（续表）

文　号	标　题	内　容　摘　要	执行时间
上海市人力资源和社会保障局沪人社综发[2016]29号	关于印发《上海市企业工资支付办法》的通知	◎加班工资和假期工资的计算基数不得低于本市规定的最低工资标准。法律、法规另有规定的，从其规定。 ◎企业根据实际需要安排劳动者在法定标准工作时间以外工作的，应以本办法第九条确定的计算基数，按以下标准支付加班工资： （一）安排劳动者在日法定标准工作时间以外延长工作时间的，按照不低于劳动者本人小时工资的150%支付； （二）安排劳动者在休息日工作，而又不能安排补休的，按照不低于劳动者本人日或小时工资的200%支付； （三）安排劳动者在法定休假节日工作的，按照不低于劳动者本人日或小时工资的300%支付。 ◎企业依法安排实行计件工资制的劳动者完成计件定额任务后，在法定标准工作时间以外工作的，应当根据以上原则相应调整计件单价。计件定额应通过一定的民主管理程序合理制定。 ◎经人力资源社会保障行政部门批准实行综合计算工时工作制的企业，劳动者综合计算工作时间超过法定标准工作时间的，应当视为延长工作时间，并按本条第(一)项的规定支付劳动者延长工作时间的加班工资；企业在法定休假节日安排劳动者工作的，按本条第(三)项的规定支付加班工资。 ◎经人力资源社会保障行政部门批准实行不定时工时制的劳动者，在法定休假节日由企业安排工作的，按本条第(三)项的规定支付加班工资。 ◎在妇女节、青年节等部分公民休假的节日期间，对参加社会或企业组织的庆祝活动和照常工作的劳动者，企业应支付工资，但不支付加班工资。如果该节日恰逢休息日，企业安排劳动者工作的，应当按本条第(二)项的规定支付加班工资。	2016.8.1～2021.7.31

（续表）

文　号	标　题	内　容　摘　要	执行时间
上海市高级人民法院民一庭调研指导［2010］34号	劳动争议案件若干问题的解答	◎关于加班工资计算基数如何确定的问题 （1）用人单位与劳动者对月工资有约定的，加班工资基数应按双方约定的正常工作时间的月工资来确定；如双方对月工资没有约定或约定不明的，应按《劳动合同法》第18条规定来确定正常工作时间的月工资，并以确定的工资数额作为加班工资的计算基数。 （2）如按《劳动合同法》第18条规定仍无法确定正常工作时间工资数额的，对加班工资的基数，可按照劳动者实际获得的月收入扣除非常规性奖金、福利性、风险性等项目后的正常工作时间的月工资确定。 （3）如工资系打包支付，或双方形式上约定的"正常工作时间工资"标准明显不合常理，或有证据可以证明用人单位恶意将本应计入正常工作时间工资的项目归入非常规性奖金、福利性、风险性等项目中，以达到减少正常工作时间工资数额计算目的的，可参考实际收入×70%的标准进行适当调整。 （4）按上述原则确定的加班工资基数均不得低于本市月最低工资标准。	2010.11.23

四、病休假期工资

（一）疾病休假工资的计算

文号	标题	疾病休假工资（连续休假六个月以内）						疾病救济费（连续休假六个月以上）			执行时间
上海市劳动局沪劳保发[95]83号	关于加强企业职工疾病休假管理，保障职工疾病休假期间生活的通知	连续工龄	不满二年	满二年不满四年	满四年不满六年	满六年不满八年	满八年及以上	不满一年	满一年不满三年	满三年及以上	1995.10.1
		本人工资	60%	70%	80%	90%	100%	40%	50%	60%	
		◎ 职工疾病或非因工负伤待遇高于本市上年度月平均工资的，可按本市上年度月平均工资计发。 ◎ 企业现行的职工疾病、非因工负伤休假期间的待遇计发办法高于本规定的，可继续保留。 ◎ 职工疾病或非因工负伤休假日数应按实际休假日数计算，连续休假期内含有休息日、节假日的应予剔除。									

（二）疾病休假工资最低标准

文　号	标　题	内　容　摘　要	执行时间
上海市劳动和社会保障局沪劳保发[2000]14号	关于本市企业职工疾病休假工资或疾病救济费最低标准的通知	◎ 职工疾病休假工资或疾病救济费不得低于当年本市企业职工最低工资标准的80%。 ◎ 企业职工疾病休假工资或疾病救济费最低标准不包括应由职工个人缴交的养老、医疗、失业保险费和住房公积金。	2000.4.1

五、中夜班津贴

文　号	标　题	内　容　摘　要	执行时间
上海市劳动局沪劳综发[95]7号	关于调整中、夜班等津贴标准的通知	◎ 中班(22点以后下班的)津贴标准为：2.20元； ◎ 夜班(24点以后下班的)津贴标准为：3.40元； ◎ 夜间(夜间连续工作12小时的)津贴标准为：4.40元； ◎ 5点以前上班的早餐补助费为0.80元； ◎ 常日班职工在夜间值班到22点以后的，发给夜餐2.20元；通宵值班可发给3.40元。	1995.1.1

六、高温季节津贴

文　号	标　题	内　容　摘　要	执行时间
上海市人力资源和社会保障局沪人社规[2019]19号	关于调整本市夏季高温津贴标准的通知	◎ 自2019年6月1日起，本市夏季高温津贴标准从200元/月调整为300元/月。 ◎ 企业每年6月至9月安排劳动者露天工作以及不能采取有效措施将工作场所温度降低到33℃以下的(不含33℃)，应当向劳动者支付夏季高温津贴。 ◎ 对于劳动者工作场所的性质难以确定的特殊情况，企业应结合实际，通过工资集体协商等形式，合理制定发放办法。 ◎ 夏季高温津贴纳入工资总额。企业在发放夏季高温津贴的同时，应继续做好工作现场清凉饮料的供应。	2019.6.1

（续表）

文　号	标　题	内　容　摘　要	执行时间
国家安全生产监管总局安监总安健［2012］89号	关于印发防暑降温措施管理办法的通知	◎ 不得以发放钱物替代提供防暑降温饮料。防暑降温饮料不得充抵高温津贴。 ◎ 因高温天气停止工作、缩短工作时间的，用人单位不得扣除或降低劳动者工资。 ◎ 劳动者从事高温作业的，依法享受岗位津贴。	2012..6.29

七、保健食品费

文　号	标　题	内　容　摘　要	执行时间
上海市劳动和社会保障局沪劳保发［1998］24号	关于调整本市企业保健食品费发放标准的通知	◎ 接触有毒有害作业人员保健食品费： 甲类为 3.75 元/天； 乙类为 3.25 元/天； 丙类为 2.70 元/天。 ◎ 从事高温作业人员保健食品费： 高温季节含盐菜为 2.70 元/天； 高温季节含盐菜汤为 1.85 元/天。	1998.4.1

第五章 经济补偿

一、经济补偿的几种情形

<table>
<tr><th>文号</th><th>标题</th><th colspan="2">类别</th><th>条件</th><th>补偿标准</th><th>执行时间</th></tr>
<tr><td rowspan="5">中华人民共和国主席令第65号</td><td rowspan="5">中华人民共和国劳动合同法</td><td rowspan="4">合同解除</td><td>协商解除</td><td>用人单位提出与劳动者解除劳动合同的</td><td rowspan="6">◎按劳动者在本单位工作年限，每满一年支付一个月工资标准的经济补偿。六个月以上不满一年的，按一年计算；不满六个月的，支付半个月工资的经济补偿。
◎劳动者月工资高于用人单位所在地上年度职工月平均工资三倍的，按职工月平均工资三倍支付，向其支付经济补偿的年限最高不超过十二年。
◎月工资是指劳动者在劳动合同解除或者终止前十二个月的平均工资。</td><td rowspan="5">2008.1.1
2012.12.28修正</td></tr>
<tr><td>劳动者提出</td><td>劳动者可以解除劳动合同的六种情形</td></tr>
<tr><td>非过失性解除</td><td>用人单位提前三十日以书面形式解除劳动合同的三种情形</td></tr>
<tr><td>经济性裁员</td><td>用人单位依法裁减人员的四种情形</td></tr>
<tr><td rowspan="2">合同终止</td><td colspan="2">◎除用人单位维持或者提高劳动合同约定条件续订劳动合同，劳动者不同意续订的情形外，合同期满终止固定期限劳动合同的；
◎用人单位被依法宣告破产的；
◎被吊销营业执照、责令关闭、撤销或者用人单位提前解散的。</td></tr>
<tr><td>中华人民共和国国务院令第535号</td><td>中华人民共和国劳动合同法实施条例</td><td colspan="2">◎以完成一定工作任务为期限的劳动合同因任务完成而终止的。</td><td>2008.9.18</td></tr>
</table>

（续表）

文 号	标 题	类 别	条 件	补偿标准	执行时间
最高人民法院法释［2013］4号	关于审理劳动争议案件适用法律若干问题的解释(四)	合同终止	◎ 劳动合同法施行后，因用人单位经营期限届满不再继续经营导致劳动合同不能继续履行，劳动者请求用人单位支付经济补偿的，人民法院应予支持。		2013.2.1

文 号	标 题	内 容 摘 要	执行时间
上海市高级人民法院沪高法［2009］73号	关于适用《劳动合同法》若干问题的意见	◎ 关于经济补偿金“分段计算”的问题 根据《劳动合同法》第九十七条的规定，《劳动合同法》施行之日存续的劳动合同，在《劳动合同法》施行后解除或终止的，其经济补偿金的具体计算方法如下： （一）《劳动合同法》与2008年1月1日之前施行的相关法律法规的规定（以下简称“以前规定”）均规定应当支付经济补偿金的情况，且劳动者的月平均工资不高于上年度本市职工月平均工资三倍的，经济补偿金的计算基数按劳动者在劳动合同解除或终止前十二个月的月平均工资确定。 （二）《劳动合同法》规定应当支付经济补偿金的情形，且不属于以前规定中“经济补偿金总额不超过劳动者十二个月的工资收入”情形的，经济补偿年限自用工之日起计算。《劳动合同法》规定应当支付经济补偿金的情形，但属于以前规定中“经济补偿金总额不超过劳动者十二个月的工资收入”情形的，劳动者在《劳动合同法》施行前的经济补偿年限按照以前规定计算；劳动者在《劳动合同法》施行后的工作年限在计算经济补偿年限时并入计算。 （三）符合《劳动合同法》规定三倍封顶的情形，实施封顶计算经济补偿年限自《劳动合同法》施行之日起计算，《劳动合同法》施行之前的工作年限仍按以前规定的标准计算经济补偿金。 （四）根据《劳动合同法实施条例》第二十五条的规定，用人单位违反《劳动合同法》的规定解除或终止劳动合同，依法支付劳动	2009.3.3

（续表）

文号	标题	内容摘要	执行时间
上海市高级人民法院沪高法［2009］73号	关于适用《劳动合同法》若干问题的意见	者赔偿金，赔偿金的计算年限自用工之日起计算。如劳动者在劳动合同被违法解除或终止前十二个月的月平均工资高于上年度本市职工月平均工资三倍的，根据《劳动合同法》第八十七条规定，应当按照第四十七条第二款规定的经济补偿标准计算。	2009.3.3

附：《上海市劳动合同条例》规定的经济补偿

<table>
<tr><th colspan="2">类别</th><th>条件</th><th>补偿标准</th><th>执行时间</th></tr>
<tr><td rowspan="5">合同解除</td><td>协商解除</td><td>用人单位提出并与劳动者解除劳动合同的。</td><td rowspan="3">本单位工作年限每满一年给予劳动者本人一个月工资收入的经济补偿，补偿金额一般不超过劳动者十二个月的工资收入。</td><td rowspan="7">2002.5.1</td></tr>
<tr><td>劳动者提出</td><td>用人单位以暴力、威胁或者非法限制人身自由的手段强迫劳动的；或者未按照劳动合同约定支付劳动报酬或者提供劳动条件的。</td></tr>
<tr><td rowspan="2">非过失性解除</td><td>劳动者不能胜任工作，经过培训或者调整工作岗位，仍不能胜任工作的。</td></tr>
<tr><td>劳动者患病或非因工负伤在规定的医疗期满不能从事原工作，也不能从事由用人单位另行安排的工作的。或者劳动合同订立时所依据的客观情况发生重大变化，致使原劳动合同无法履行的。</td><td rowspan="3">本单位工作年限每满一年支付相当其本人一个月工资收入的经济补偿。</td></tr>
<tr><td>经济性裁员</td><td>用人单位确需依法裁减人员的。</td></tr>
<tr><td rowspan="2">合同终止</td><td colspan="2">用人单位破产、解散或者被撤销的。</td></tr>
<tr><td colspan="3">劳动合同约定的终止条件和《条例》规定的解除条件相同的，用人单位应当按条例相应解除合同的补偿标准，给予经济补偿。</td></tr>
</table>

注：计算经济补偿时，本单位工作年限满六个月不满一年的，按一年计算。

二、经济补偿计算

文号	标题	内容摘要	执行时间
中华人民共和国国务院令第535号	中华人民共和国劳动合同法实施条例	◎经济补偿的月工资按照劳动者应得工资计算,包括计时工资或者计件工资以及奖金、津贴和补贴等货币性收入。 ◎劳动者在劳动合同解除或者终止前12个月的平均工资低于当地最低工资标准的,按照当地最低工资标准计算。 ◎劳动者工作不满12个月的,按照实际工作的月数计算平均工资。	2008.9.18
上海市劳动和社会保障局沪劳保关发[2002]13号	关于实施《上海市劳动合同条例》若干问题的通知	股票、期权、红利等与投资相关并不列入工资总额的收益,不作为解除或者终止劳动合同的经济补偿的计发基数。	2002.5.1

三、医疗补助费

文号	标题	内容摘要	执行时间
劳动部劳办函[1996]40号	关于因病或非因工负伤医疗期管理等若干问题的请示的复函	◎患病职工在合同期满终止劳动合同时,用人单位应当一次性支付劳动者不低于六个月工资的医疗补助费。对于患重病或绝症的职工,用人单位可以适当增加医疗补助费。	1996.10.8
上海市人民代表大会常务委员会公告第58号	上海市劳动合同条例	◎劳动者患病或非因工负伤,医疗期满后,不能从事原工作而解除劳动合同的,除按规定支付经济补偿外,还应给予不低于劳动者本人6个月工资收入的医疗补助费。	2002.5.1
劳动部劳部发[1996]354号	关于实行劳动合同制度若干问题的通知	◎劳动者患病或者非因工负伤,合同期满终止劳动合同的,用人单位应当支付不低于6个月工资的医疗补助费;对患重病或绝症的,还应适当增加医疗补助费。	1996.10.31

（续表）

文　号	标　题	内　容　摘　要	执行时间
劳动部办公厅劳办发[1997]18号	劳动部办公厅关于对劳部发[1996]354号文件有关问题解释的通知	◎劳动者患病或者非因工负伤，合同期满终止劳动合同的，用人单位应当支付不低于6个月工资的医疗补助费，是指合同期满的劳动者终止劳动合同时，医疗期满或者医疗终结被劳动鉴定委员会鉴定为5—10级的，用人单位应当支付不低于6个月工资的医疗补助费。鉴定为1—4级的，应当办理退休、退职手续，享受退休、退职待遇。	1997.2.5

第六章　劳动保护

一、职业病防治

文　号	标　题	内　容　摘　要	执行时间
中华人民共和国主席令第60号	中华人民共和国职业病防治法	◎ 用人单位与劳动者订立劳动合同（含聘用合同）时，应当将工作过程中可能产生的职业病危害及其后果、职业病防护措施和待遇等如实告知劳动者，并在劳动合同中写明，不得隐瞒或者欺骗。 ◎ 对从事接触职业病危害的作业的劳动者组织上岗前、在岗期间和离岗时的职业健康检查，并将检查结果书面告知劳动者。对未进行离岗前职业健康检查的劳动者不得解除或者终止与其订立的劳动合同。 ◎ 用人单位应当为劳动者建立职业健康监护档案，并按照规定的期限妥善保存。劳动者离开用人单位时，有权索取本人职业健康监护档案复印件，用人单位应当如实、无偿提供，并在所提供的复印件上签章。 ◎ 用人单位应当保障劳动者行使职业卫生保护权利。因劳动者依法行使正当权利而降低其工资、福利等待遇或者解除、终止与其订立的劳动合同的，其行为无效。 ◎ 职业病病人除依法享有工伤保险外，依照有关民事法律，尚有获得赔偿的权利的，有权向用人单位提出赔偿要求。	2002.5.1 2011.12.31 第一次修正 2016.7.2 第二次修正 2017.11.4 第三次修正
中华人民共和国卫生部第91号	职业病诊断与鉴定管理办法	◎ 劳动者可以选择用人单位所在地、本人户籍所在地或者经常居住地的职业病诊断机构进行职业病诊断。 ◎ 在确认劳动者职业史、职业病危害接触史时，当事人对劳动关系、工种、工作岗位或者在岗时间有争议的，职业病诊断机构应当告知当事人依法向用人单位所在地的劳动人事争议仲裁委员会申请仲裁。	2013.4.10

二、生育假期

<table>
<tr><th>文号</th><th>标题</th><th colspan="3">内容摘要</th><th>执行时间</th></tr>
<tr><td rowspan="5">中华人民共和国国务院令第619号</td><td rowspan="5">女职工劳动保护特别规定</td><td colspan="2">产前检查</td><td>怀孕女职工在劳动时间内进行产前检查,所需时间计入劳动时间。</td><td rowspan="5">2012.4.28</td></tr>
<tr><td rowspan="3">产假</td><td>顺产</td><td>产假98天,其中产前可以休假15天。</td></tr>
<tr><td>难产</td><td>增加产假15天;生育多胞胎的,每多生育一个婴儿,增加产假15天。</td></tr>
<tr><td>流产</td><td>怀孕未满4个月流产的,享受15天产假;怀孕满4个月流产的,享受42天产假。</td></tr>
<tr><td colspan="2">哺乳时间</td><td>用人单位应当在每天的劳动时间内为哺乳期女职工安排1小时哺乳时间;女职工生育多胞胎的,每多哺乳1个婴儿每天增加1小时哺乳时间。</td></tr>
<tr><td rowspan="2">上海市人民政府令第36号</td><td rowspan="2">上海市女职工劳动保护办法</td><td colspan="2">产前假</td><td>妊娠7个月以上,应给予每天工间休息1小时。如工作许可,经本人申请,单位批准,可请产前假两个半月。</td><td rowspan="2">1990.11.1
2010.12.20修正</td></tr>
<tr><td colspan="2">哺乳假</td><td>女职工生育后,若有困难且工作许可,由本人提出申请,经单位批准,可请哺乳假6个半月。</td></tr>
<tr><td>上海市人民代表大会常务委员会公告第36号</td><td>上海市人口与计划生育条例(2016修正)</td><td colspan="3">符合法律法规规定生育的夫妻,女方除享受国家规定的产假外,还可以再享受生育假三十天,男方享受配偶陪产假十天。生育假享受产假同等待遇,配偶陪产假期间的工资,按照本人正常出勤应得的工资发给。</td><td>2016.3.1</td></tr>
</table>

三、节育手术假期和待遇

文　号	标　题	内　容　摘　要		执行时间
上海市人民政府沪府发[2016]46号	关于印发修订后的《上海市计划生育奖励与补助若干规定》的通知	放置宫内节育器	休息2天	2016.7.8～2021.7.7
		放置宫内节育器后	3个月、6个月、12个月时各随访一次，以后每年随访一次，每次休息1天。	
		取宫内节育器	休息2天	
		输精管绝育	休息7天	
		输卵管绝育	休息30天	
		人工流产	第一次人工流产及因放置宫内节育器、绝育、皮下埋植术后失败的再次人工流产，孕期小于13周且行吸宫术及药物流产的，休息14天；孕期小于13周且行钳刮术的，休息21天；孕期大于13周的，休息30天。	
		放置皮下埋植剂	休息5天	
		取皮下埋植剂	休息3天	
		放置宫内节育器或皮下埋植剂后因月经失调需诊断性刮宫	休息5天	
		◎实行以上节育手术的公民，其假期工资按照本人正常出勤应得的工资发给。 ◎实行计划生育手术的公民有以下情形之一且经医生同意需要休息的，其假期按病假处理： 1. 第一次人工流产后及因放置宫内节育器、绝育、皮下埋植术后失败而再次人工流产后，已休满规定假期。 2. 未采取绝育、放置宫内节育器或皮下埋植术而再次人工流产。 3. 发生节育手术并发症。 ◎同时实行多项计划生育手术的，多项手术假期累计。		

四、女职工权益保障

文　号	标　题	内　容　摘　要	执行时间
人力资源社会保障部、教育部、司法部、卫生健康委、国资委、医保局、全国总工会、全国妇联、最高人民法院	人力资源社会保障部、教育部等九部门关于进一步规范招聘行为促进妇女就业的通知	◎ 依法禁止招聘环节中的就业性别歧视。各类用人单位、人力资源服务机构在拟定招聘计划、发布招聘信息、招用人员过程中，不得限定性别(国家规定的女职工禁忌劳动范围等情况除外)或性别优先，不得以性别为由限制妇女求职就业、拒绝录用妇女，不得询问妇女婚育情况，不得将妊娠测试作为入职体检项目，不得将限制生育作为录用条件，不得差别化地提高对妇女的录用标准。国有企事业单位、公共就业人才服务机构及各部门所属人力资源服务机构要带头遵法守法，坚决禁止就业性别歧视行为。 ◎ 强化人力资源市场监管。监督人力资源服务机构建立健全信息发布审查和投诉处理机制，切实履行招聘信息发布审核义务，及时纠正发布含有性别歧视内容招聘信息的行为，确保发布的信息真实、合法、有效。对用人单位、人力资源服务机构发布含有性别歧视内容招聘信息的，依法责令改正；拒不改正的，处 1 万元以上 5 万元以下的罚款；情节严重的人力资源服务机构，吊销人力资源服务许可证。将用人单位、人力资源服务机构因发布含有性别歧视内容的招聘信息接受行政处罚等情况纳入人力资源市场诚信记录，依法实施失信惩戒。 ◎ 建立联合约谈机制。畅通窗口来访接待、12333、12338、12351 热线等渠道，及时受理就业性别歧视相关举报投诉。根据举报投诉，对涉嫌就业性别歧视的用人单位开展联合约谈，采取谈话、对话、函询等方式，开展调查和调解，督促限期纠正就业性别歧视行为，及时化解劳动者和用人单位间矛盾纠纷。被约谈单位拒不接受约谈或约谈后拒不改正的，依法进行查处，并通过媒体向社会曝光。 ◎ 健全司法救济机制。依法受理妇女就业性别歧视相关起诉，设置平等就业权纠纷案由。积极为遭受就业性别歧视的妇女提供法律咨询等法律帮助，为符合条件的妇女提供法律援助。积极为符合条件的遭受就业性别歧视的妇女提供司法救助。	2019.2.18

（续表）

文　号	标　题	内　容　摘　要	执行时间
中华人民共和国国务院令第619号	女职工劳动保护特别规定	◎ 用人单位不得因女职工怀孕、生育、哺乳降低其工资、予以辞退、与其解除劳动或者聘用合同。 ◎ 女职工在孕期不能适应原劳动的，用人单位应当根据医疗机构的证明，予以减轻劳动量或者安排其他能够适应的劳动。	2012.4.28
上海市第十届人民代表大会常务委员会第十四次会议通过	上海市《实施中华人民共和国妇女权益保障法办法》的决定	◎ 经二级以上医疗保健机构证明有习惯性流产史、严重的妊娠综合症、妊娠合并症等可能影响正常生育的，本人提出申请，用人单位应当批准其产前假。 ◎ 经二级以上医疗保健机构证明患有产后严重影响母婴身体健康疾病的，本人提出申请，用人单位应当批准其哺乳假。 ◎ 女职工按有关规定享受的产前假、哺乳假期间的工资不得低于其原工资性收入的80%；调整工资时，产前假、产假、哺乳假视作正常出勤。 ◎ 各单位应当每两年安排本单位女职工进行一次妇科病、乳腺病的筛查。有条件的单位可以增加筛查次数和项目。	1995.3.8 1997.5.27 第一次修正 2007.4.26 第二次修正
中华人民共和国主席令第28号	中华人民共和国劳动法	◎ 禁止安排女职工从事矿山井下国家规定的第四级体力劳动强度的劳动和其他禁忌从事的劳动。 ◎ 不得安排女职工在经期从事高处、低温、冷水作业和国家规定的第三级体力劳动强度的劳动。 ◎ 不得安排女职工在怀孕和哺乳期间从事国家规定的第三级体力劳动强度的劳动和孕期及哺乳期禁忌从事的其他劳动。对怀孕七个月以上及在哺乳期的女职工，不得安排其延长工作时间和夜班劳动。	1995.5.1

第七章　劳务派遣

文　号	标　题	内　容　摘　要	执行时间
中华人民共和国主席令第 65 号	中华人民共和国劳动合同法	◎ 经营劳务派遣业务应当具备下列条件： （一）注册资本不得少于人民币二百万元； （二）有与开展业务相适应的固定的经营场所和设施； （三）有符合法律、行政法规规定的劳务派遣管理制度； （四）法律、行政法规规定的其他条件。 经营劳务派遣业务，应当向劳动行政部门依法申请行政许可；经许可的，依法办理相应的公司登记。未经许可，任何单位和个人不得经营劳务派遣业务。 ◎ 劳务派遣单位应当与被派遣劳动者订立两年以上的固定期限劳动合同，按月支付劳动报酬；被派遣劳动者在无工作期间，劳务派遣单位应当按照所在地人民政府规定的最低工资标准，向其按月支付报酬。 ◎ 劳务派遣单位跨地区派遣劳动者的，被派遣劳动者享有的劳动报酬和劳动条件，按照用工单位所在地的标准执行。 ◎ 被派遣劳动者享有与用工单位的劳动者同工同酬的权利。用工单位应当按照同工同酬原则，对被派遣劳动者与本单位同类岗位的劳动者实行相同的劳动报酬分配办法。用工单位无同类岗位劳动者的，参照用工单位所在地相同或者相近岗位劳动者的劳动报酬确定。 ◎ 被派遣劳动者有权在劳务派遣单位或者用工单位依法参加或者组织工会，维护自身的合法权益。	2008.1.1 2012.12.28 修正

（续表）

文　号	标　题	内　容　摘　要	执行时间
中华人民共和国主席令第65号	中华人民共和国劳动合同法	◎ 劳动合同用工是我国的企业基本用工形式。劳务派遣用工是补充形式，只能在临时性、辅助性或者替代性的工作岗位上实施。 ◎ 临时性工作岗位是指存续时间不超过6个月的岗位；辅助性工作岗位是指为主营业务岗位提供服务的非主营业务岗位；替代性工作岗位是指用工单位的劳动者因脱产学习、休假等原因无法工作的一定期间内，可以由其他劳动者替代工作的岗位。 ◎ 用工单位不得将被派遣劳动者再派遣到其他用人单位。 ◎ 用人单位不得设立劳务派遣单位向本单位或者所属单位派遣劳动者。	2008.1.1 2012.12.28修正
中华人民共和国国务院令第535号	中华人民共和国劳动合同法实施条例	劳务派遣单位不得以非全日制用工形式招用被派遣劳动者。	2008.9.18
中华人民共和国人力资源和社会保障部令第22号	劳务派遣暂行规定	◎ 用工单位应当严格控制劳务派遣用工数量，使用的被派遣劳动者数量不得超过其用工总量的10%。 ◎ 被派遣劳动者在用工单位因工作遭受事故伤害的，劳务派遣单位应当依法申请工伤认定，用工单位应当协助工伤认定的调查核实工作。劳务派遣单位承担工伤保险责任，但可以与用工单位约定补偿办法。被派遣劳动者在申请进行职业病诊断、鉴定时，用工单位应当负责处理职业病诊断、鉴定事宜，并如实提供职业病诊断、鉴定所需的劳动者职业史和职业危害接触史、工作场所职业病危害因素检测结果等资料，劳务派遣单位应当提供被派遣劳动者职业病诊断、鉴定所需的其他材料。	2014.3.1

（续表）

文　号	标　题	内　容　摘　要	执行时间
中华人民共和国人力资源和社会保障部令第22号	劳务派遣暂行规定	◎ 劳务派遣单位行政许可有效期未延续或者《劳务派遣经营许可证》被撤销、吊销的，已经与被派遣劳动者依法订立的劳动合同应当履行至期限届满。双方经协商一致，可以解除劳动合同。 ◎ 有下列情形之一的，用工单位可以将被派遣劳动者退回劳务派遣单位： （一）用工单位有劳动合同法第四十条第三项、第四十一条规定情形的； （二）用工单位被依法宣告破产、吊销营业执照、责令关闭、撤销、决定提前解散或者经营期限届满不再继续经营的； （三）劳务派遣协议期满终止的。 被派遣劳动者退回后在无工作期间，劳务派遣单位应当按照不低于所在地人民政府规定的最低工资标准，向其按月支付报酬。 ◎ 被派遣劳动者提前30日以书面形式通知劳务派遣单位，可以解除劳动合同。被派遣劳动者在试用期内提前3日通知劳务派遣单位，可以解除劳动合同。劳务派遣单位应当将被派遣劳动者通知解除劳动合同的情况及时告知用工单位。 ◎ 劳务派遣单位跨地区派遣劳动者的，应当在用工单位所在地为被派遣劳动者参加社会保险，按照用工单位所在地的规定缴纳社会保险费，被派遣劳动者按照国家规定享受社会保险待遇。 ◎ 劳务派遣单位在用工单位所在地设立分支机构的，由分支机构为被派遣劳动者办理参保手续，缴纳社会保险费。 ◎ 外国企业常驻代表机构和外国金融机构驻华代表机构等使用被派遣劳动者的，以及船员用人单位以劳务派遣形式使用国际远洋海员的，不受临时性、辅助性、替代性岗位和劳务派遣用工比例的限制。	2014.3.1

（续表）

文　号	标　题	内　容　摘　要	执行时间
中华人民共和国人力资源和社会保障部令第22号	劳务派遣暂行规定	◎ 用人单位将本单位劳动者派往境外工作或者派往家庭、自然人处提供劳动的，不属于本规定所称劳务派遣。 ◎ 用工单位在本规定施行前使用被派遣劳动者数量超过其用工总量10%的，应当制定调整用工方案，于本规定施行之日起2年内降至规定比例。但是，《全国人民代表大会常务委员会关于修改〈中华人民共和国劳动合同法〉的决定》公布前已依法订立的劳动合同和劳务派遣协议期限届满日期在本规定施行之日起2年后的，可以依法继续履行至期限届满。	2014.3.1
上海市人力资源和社会保障局，上海市高级人民法院	关于劳务派遣适用法律若干问题的会议纪要	◎ 关于违反法律规定派遣的问题 《修改决定》、《派遣规定》关于"三性"岗位、派遣用工比例的规定均是以派遣单位或用工单位为义务主体的管理性规定，仅违反上述管理性规定的，不影响派遣协议和劳动合同的效力。派遣单位、用工单位违反上述管理性规定的，由人力资源社会保障行政部门责令其限期整改。 当事人以确认某具体岗位是否属于"三性"岗位或者用工单位是否超出法定比例用工而发生的争议，不属于《调解仲裁法》规定的劳动争议案件受理范围，劳动争议处理机构不予受理。当事人要求确认劳动合同或派遣协议无效或者劳动者要求确认与用工单位存在劳动关系的，缺乏法律依据，不予支持。 ◎ 关于同工同酬争议的问题 用工单位未按照《修改决定》的规定执行，仍对劳动合同制员工和派遣员工实行不同的劳动报酬分配办法，派遣员工要求用工单位按照《修改决定》的规定	2014.12.31

（续表）

文　号	标　题	内　容　摘　要	执行时间
上海市人力资源和社会保障局，上海市高级人民法院	关于劳务派遣适用法律若干问题的会议纪要	执行相同的劳动报酬分配办法的，由人力资源社会保障行政部门督促用工单位依法整改。但是，当事人之间发生《调解仲裁法》规定范围内的劳动报酬争议，劳动争议处理机构应当依法处理。 ◎ 关于劳务派遣退回情形的问题 《派遣规定》第十二条对退回情形作了部分列举式规定，属于提示性条款，实践中，还存在法律规定的退回情形、派遣单位主动撤回劳动者、协商一致退回等情况。因此，依据以下情形之一的，也可退回劳动者： （一）《劳动合同法》第六十五条第二款规定的情形； （二）《劳动合同法》第四十四条第（一）、（二）项规定的情形； （三）《劳动合同法实施条例》第二十一条规定的情形； （四）派遣期限届满的； （五）劳务派遣协议解除的； （六）三方事前约定或者事后达成合意的； （七）用工单位不履行义务，派遣单位主动撤回劳动者的； （八）依据《派遣规定》第十六条规定，派遣单位在办理注销登记手续前，用工单位与派遣单位协商后退回的； （九）违反法律规定派遣进行整改的； （十）其他依据法律规定确需退回的。 ◎ 关于退回后重新派遣争议的处理问题 劳动者退回派遣单位后，因重新派遣发生争议的，按以下办法处理： 劳动者被用工单位按照《派遣规定》第十二条规定情形退回的，派遣单位和用工单位应当按照《派遣规定》第十三条、	2014.12.31

（续表）

文　号	标　题	内　容　摘　要	执行时间
上海市人力资源和社会保障局，上海市高级人民法院	关于劳务派遣适用法律若干问题的会议纪要	第十五条、第十七条、第二十四条规定执行。 依据本纪要第六条情形，劳动者被退回，派遣单位依据劳动合同约定等对劳动者进行合理重新派遣而劳动者不同意的，派遣单位可按规章制度、劳动纪律或者劳动合同等相关规定处理，双方当事人由此发生争议的，劳动争议处理机构应当依法处理。 派遣单位依照《劳动合同法》第四十条第三项规定与不接受重新派遣的劳动者解除劳动合同，劳动者要求派遣单位支付经济补偿的，应予支持。 ◎ 关于退回依据不足争议的处理问题 劳动者被退回依据不足，且派遣单位未在合理期限内（一般为一个月）进行合理重新派遣的，劳动者参照《劳动合同法》第三十八条规定解除劳动合同并要求支付经济补偿的，劳动争议处理机构应予支持。 ◎ 关于劳务派遣三方当事人权利义务纠纷的处理问题 劳务派遣涉及派遣单位、用工单位、劳动者三方当事人，派遣单位和用工单位对劳动者分别承担义务。劳动者与派遣单位或者用工单位发生劳动争议的，劳动争议处理机构应当按照《调解仲裁法》的规定，将派遣单位和用工单位作为共同当事人，并根据《劳动合同法》等相关法律规定分别确定派遣单位和用工单位的法律责任。用工单位给劳动者造成损害的，派遣单位与用工单位承担连带赔偿责任。	2014.12.31

（续表）

文　号	标　题	内　容　摘　要	执行时间
上海市人力资源和社会保障局沪人社关发[2014]27号	关于规范本市劳务派遣用工若干问题的意见	◎ 用工单位要按照《派遣规定》的规定，经职工代表大会或者全体职工讨论，提出方案和意见，与工会或者职工代表平等协商确定适用劳务派遣用工的辅助性岗位范围，并在单位内公示。 　　用工单位未按规定确定辅助性岗位范围的，人力资源社会保障行政部门应责令其限期整改；用工单位逾期未整改的，人力资源社会保障行政部门按照《劳动保障监察条例》的相关规定予以处罚。 ◎ 派遣员工在本市用工单位发生事故伤害的，由劳务派遣单位或者外省市劳务派遣单位在本市设立的分支机构向注册地区县人力资源社会保障行政部门提出工伤认定申请，并承担申请工伤劳动能力鉴定、申领工伤保险待遇等工伤保险责任；用工单位应当协助工伤认定的调查核实工作，并按国家和本市工伤保险规定承担应当由用人单位支付的工伤保险待遇及浮动费率等工伤保险责任。 ◎ 外省市劳务派遣单位未在本市设立分支机构的，由本市用工单位向注册地区县人力资源社会保障行政部门提出工伤认定申请，并按国家和本市工伤保险规定承担工伤保险责任。 ◎ 发生工伤的派遣员工在劳动关系存续期间被退回劳务派遣单位的，用工单位应当按《上海市工伤保险实施办法》的规定与劳务派遣单位结清该员工依法享有的一次性伤残就业补助金；该员工与劳务派遣单位解除或者终止劳动关系时，由工伤保险基金和劳务派遣单位按规定分别支付一次性工伤医疗补助金和一次性伤残就业补助金。 ◎ 劳务派遣单位对用工单位的工伤保险	2014.6.30 ～ 2023.12.31

(续表)

文　号	标　题	内　容　摘　要	执行时间
上海市人力资源和社会保障局沪人社关发[2014]27号	关于规范本市劳务派遣用工若干问题的意见	责任依法承担连带赔偿责任。 ◎ 外省市劳务派遣单位向本市派遣员工的,应当按照本市标准,在本市为派遣员工缴纳社会保险。 ◎ 外省市劳务派遣单位在本市设立分支机构的,由分支机构办理招工备案手续,并按照本市标准,在本市为派遣员工缴纳社会保险。外省市劳务派遣单位未在本市设立分支机构的,由本市用工单位办理用工备案手续,并按照本市标准,在本市代劳务派遣单位为派遣员工缴纳社会保险。 ◎ 外省市劳务派遣单位在本市设立分支机构且本市用工单位未按规定在本市缴纳社会保险的,派遣员工在发生纠纷时要求本市用工单位承担工伤、医疗等社会保险待遇的,本市用工单位应当先行承担。 ◎ 外省市劳务派遣单位将非本市户籍员工派遣到本市用工单位设在外省市劳务派遣单位所在地岗位工作的,不适用本条规定。	2014.6.30 ～ 2023.12.31

第八章　非全日制劳动用工

一、每月工作时间、最低工资标准

文　号	标　题	内　容　摘　要	执行时间
中华人民共和国主席令第 65 号	中华人民共和国劳动合同法	◎ 非全日制用工，是指以小时计酬为主，劳动者在同一用人单位一般平均每日工作时间不超过 4 小时，每周工作时间累计不超过 24 小时的用工形式。 ◎ 非全日制用工，劳动报酬结算支付周期最长不超过 15 日。	2008.1.1 2012.12.28 修正
上海市人力资源和社会保障局	/	◎ 2020 年本市小时最低工资标准不调整，继续为 22 元。 ◎ 小时最低工资不包括个人和单位依法缴纳的社会保险费。	2020.7.1

二、本市历年非全日制小时最低工资及最低缴费额标准

执行时间	最低工资(元)	最低缴费额(元)
2011.4.1	11.0	5.3
2012.4.1	12.5	6.0
2013.4.1	14.0	6.8
2014.4.1	17.0	7.8
2015.4.1	18.0	8.2
2016.4.1	19.0	8.2—8.5
2017.4.1	20.0	8.4—8.7
2018.4.1	21.0	8.8—9.2
2019.4.1	22.0	8.3—8.6
2020.7.1	22.0	8.2—8.5

注：非全日制小时最低缴费额，根据市社保中心具体操作而定。

三、招退工、劳动报酬

文　号	标　题	内　容　摘　要	执行时间
上海市劳动和社会保障局、上海市医疗保险局沪劳保就发[2003]29号	关于本市非全日制就业的若干问题的通知	◎ 用工登记及退工 1. 用人单位招用非全日制劳动者应在其《劳动手册》内做好用工记载。《劳动手册》由劳动者保管。劳动者的个人档案由原保管部门保管，不随本人流转。 2. 用人单位在30日内办理招工登记备案手续。招工登记备案手续可以通过填写《录用名册》，用传真、邮寄等各种方式，送达所属的区、县职业介绍所。 3. 用人单位与劳动者的劳动关系终止后，应出具退工证明。由劳动者持退工证明和《劳动手册》到街道、乡镇劳动服务所办理退工备案手续。按规定办理失业登记手续。 ◎ 劳动报酬 1. 非全日制劳动者的劳动报酬按小时计算。 2. 劳动报酬包括非全日制劳动者的工资收入和应当缴纳的社会保险费等。 3. 劳动者的工资收入水平由用人单位和劳动者协商确定，但每小时不低于小时最低工资收入标准。 4. 用人单位以非全日制劳动者的工资收入为基数，按照本市统一规定的比例支付社会保险费。	2003.6.20

四、社会保险费缴纳和待遇

文　号	标　题	内　容　摘　要	执行时间
上海市劳动和社会保障局、上海市医疗保险局沪劳保就发[2003]29号	关于本市非全日制就业的若干问题的通知	◎ 社会保险费缴纳 1. 劳动者与用人单位建立劳动关系后，应凭《劳动手册》到本人户籍所在地的社会保险经办机构办理社会保险登记。 2. 社会保险经办机构在指定的银行，为非全日制劳动者开设个人社会保险缴费账户，制作相应的“社会保险缴费卡”，并建立个人账户。 非全日制劳动者的社会保险缴费由其自行缴入“社会保险缴费卡”。 3. 社会保险缴费账户中当月存储额达到或超过本市规定的月最低缴费额的，社会保险经办机构每月在账户内如数扣缴，并按本市统一规定计入个人账户；不满月最低缴费额的，不扣费，已经注入缴费卡内的款项作为下月缴费额。 4. 社会保险缴费年月按其缴费额折算。当月存储额达到或者超过月最低缴费额的，缴费年月可折算为1个月；不满月最低缴费额的，不计缴费年月；折算后的缴费年月不得超过实际缴费月；在当年度缴费期内，折算缴费年月不得超过12个月。 ◎ 社会保险待遇 1. 非全日制劳动者的养老保险待遇按本市养老保险有关规定执行。 2. 非全日制劳动者累计缴费满3个月，且继续缴纳社会保险费的，可自缴满3个月起，享受基本医疗保险待遇3个月。之后必须按规定连续缴费，方可继续享受基本医疗保险待遇。缴费额及缴费月数不足的，不享受基本医疗保险待遇，个人医保账户封存。 已参加本市基本医疗保险的全日制劳动者转为非全日制劳动者的，可视作缴费满3个月，继续享受医疗保险待遇3个月，之后必须按上述规定连续缴费，方可继续享受基本医疗保险待遇。	2003.6.20

（续表）

文　号	标　题	内　容　摘　要	执行时间
上海市劳动和社会保障局、上海市医疗保险局沪劳保就发［2003］29号	关于本市非全日制就业的若干问题的通知	3. 非全日制劳动者与用人单位终止劳动关系后，符合申请失业保险金条件的，可凭《劳动手册》、本人身份证到区、县职业介绍所申领失业保险金。 4. 非全日制劳动者在劳动过程中因工负伤或者患职业病的，用人单位应当承担相应经济责任。 5. 非全日制劳动者也可以按照本市自由职业人员的有关规定办理养老、医疗保险登记，缴纳养老、医疗保险费。	2003.6.20

五、工伤待遇

文　号	标　题	内　容　摘　要	执行时间
上海市人民政府令第93号	上海市工伤保险实施办法(2012)	◎ 招用非全日制从业人员的用人单位应当按照本办法规定的缴费基数和费率，为其缴纳工伤保险费。 ◎ 非全日制从业人员因工作遭受事故伤害或者患职业病后，与用人单位的劳动关系按照《中华人民共和国劳动合同法》、《上海市劳动合同条例》的规定执行，享受下列工伤保险待遇： (1) 按照本办法规定由工伤保险基金支付的工伤保险待遇； (2) 由承担工伤保险责任的用人单位参照本办法规定支付停工留薪期待遇，且不得低于全市职工月最低工资标准； (3) 致残一级至四级的，由承担工伤保险责任的用人单位和工伤人员以享受的伤残津贴为基数，一次性缴纳基本医疗保险费至工伤人员到达法定退休年龄，享受基本医疗保险待遇； (4) 致残五级至十级的，由承担工伤保险责任的用人单位按照本办法规定的标准支付一次性伤残就业补助金。	2013.1.1

第九章　境外人员管理

一、签证的类别

文　号	标　题	签　证　类　别	执行时间
中华人民共和国国务院令第637号	中华人民共和国外国人入境出境管理条例	◎ C字签证，发给执行乘务、航空、航运任务的国际列车乘务员、国际航空器机组人员、国际航行船舶的船员及船员随行家属和从事国际道路运输的汽车驾驶员。 ◎ D字签证，发给入境永久居留的人员。 ◎ F字签证，发给入境从事交流、访问、考察等活动的人员。 ◎ G字签证，发给经中国过境的人员。 ◎ J1字签证，发给外国常驻中国新闻机构的外国常驻记者；J2字签证，发给入境进行短期采访报道的外国记者。 ◎ L字签证，发给入境旅游的人员；以团体形式入境旅游的，可以签发团体L字签证。 ◎ M字签证，发给入境进行商业贸易活动的人员。 ◎ Q1字签证，发给因家庭团聚申请入境居留的中国公民的家庭成员和具有中国永久居留资格的外国人的家庭成员，以及因寄养等原因申请入境居留的人员；Q2字签证，发给申请入境短期探亲的居住在中国境内的中国公民的亲属和具有中国永久居留资格的外国人的亲属。 ◎ R字签证，发给国家需要的外国高层次人才和急需紧缺专门人才。 ◎ S1字签证，发给申请入境长期探亲的因工作、学习等事由在中国境内居留的外国人的配偶、父母、未满18周岁的子女、配偶的父母，以及因其他私人事务需要在中国境内居留的人员；S2字签证，发给申请入境短期探亲的因工作、学习等	2013.9.1

（续表）

文　号	标　题	签　证　类　别	执行时间
中华人民共和国国务院令第637号	中华人民共和国外国人入境出境管理条例	事由在中国境内停留居留的外国人的家庭成员，以及因其他私人事务需要在中国境内停留的人员。 ◎ X1字签证，发给申请在中国境内长期学习的人员；X2字签证，发给申请在中国境内短期学习的人员。 ◎ Z字签证，发给申请在中国境内工作的人员。	2013.9.1

二、外国人在中国就业管理规定

文　号	标　题	内　容　摘　要	执行时间
劳动部、公安部、外交部、外经贸部劳部发[1996]29号	关于颁发《外国人在中国就业管理规定》的通知	◎ 外国人在中国就业须具备下列条件： （一）年满18周岁，身体健康； （二）具有从事其工作所必须的专业技能和相应的工作经历； （三）无犯罪记录； （四）有确定的聘用单位； （五）持有有效护照或能代替护照的其他国际旅行证件（以下简称代替护照的证件）。 ◎ 在中国就业的外国人应持Z字签证入境（有互免签证协议的，按协议办理），入境后取得《外国人就业证》（以下简称就业证）和外国人居留证件，方可在中国境内就业。 未取得居留证件的外国人（即持F、L、C、G字签证者）、在中国留学、实习的外国人及持职业签证外国人的随行家属不得在中国就业。特殊情况，应由用人单位按本规定规定的审批程序申领许可证书，被聘用的外国人凭许可证书到公安机关改变身份，办理就业证、居留证后方可就业。	1996.1.22

（续表）

文　号	标　题	内　容　摘　要	执行时间
劳动部、公安部、外交部、外经贸部劳部发[1996]29号	关于颁发《外国人在中国就业管理规定》的通知	外国驻中国使、领馆和联合国系统、其他国际组织驻中国代表机构人员的配偶在中国就业，应按《中华人民共和国外交部关于外国驻中国使领馆和联合国系统组织驻中国代表机构人员的配偶在中国任职的规定》执行，并按本条第二款规定的审批程序办理有关手续。 许可证书和就业证由劳动部统一制作。 ◎ 用人单位与被聘用的外国人应依法订立劳动合同。劳动合同的期限最长不得超过五年。劳动合同期限届满即行终止，但按本规定第十九条的规定履行审批手续后可以续订。 ◎ 外国人被批准延长在中国就业期限或变更就业区域、单位后，应在十日内到当地公安机关办理居留证件延期或变更手续。 ◎ 在中国就业的外国人的工作时间、休息休假、劳动安全卫生以及社会保险按国家有关规定执行。 ◎ 用人单位与被聘用的外国人发生劳动争议，应按照《中华人民共和国劳动法》和《中华人民共和国企业劳动争议处理条例》处理。	1996.1.22
上海市劳动局沪劳外发[1998]25号	关于印发《关于贯彻〈外国人在中国就业管理规定〉的若干意见》的通知	◎ 外国人在本市就业（包括劳动报酬来源于境外，受派遣在本市工作三个月以上的），应当申请办理《中华人民共和国外国人就业许可证书》和《外国人就业证》。 ◎ 外国人在本市就业须具备下列条件： （一）身体健康，不患有精神病和麻风病、艾滋病、性病、开放性肺结核病等传染病，以及所从事的工作不能患有的疾病； （二）有确定的工作单位；	1998.4.14

（续表）

文　号	标　题	内　容　摘　要	执行时间
上海市劳动局沪劳外发[1998]25号	关于印发《关于贯彻〈外国人在中国就业管理规定〉的若干意见》的通知	（三）具有从事其工作所必需的专业技能和相适应的学历以及从事相应的工作两年以上的经历； （四）无犯罪记录； （五）持有有效护照或能代替护照的其他国际旅行证件。 （六）男性一般在十八周岁以上，六十周岁以下；女性一般在十八周岁以上，五十五周岁以下。 ◎ 外国人在本市就业应当持职业（Z字）签证入境。对持其他签证入境后申请就业许可的，应在获取许可证书以后出境重新申办职业签证入境。 ◎ 用人单位与获准聘雇的外国人之间有关聘雇期限、岗位、报酬、保险、工作时间、解除聘雇关系条件、违约责任等双方的权利义务，通过劳动合同约定。	1998.4.14
国家外国专家局外专发[2017]40号	关于全面实施外国人来华工作许可制度的通知	◎ 2017年4月1日起，全国统一实施外国人来华工作许可制度，发放《中华人民共和国外国人工作许可通知》（以下简称《外国人工作许可通知》）和《中华人民共和国外国人工作许可证》（以下简称《外国人工作许可证》，由人力资源社会保障部和国家外专局联合印制），来华工作外国人凭《外国人工作许可通知》和《外国人工作许可证》办理相关签证和居留手续。现行有效期内的外国专家来华工作许可和外国人入境就业许可及相关证件继续有效。 ◎ 来华工作外国人分为：外国高端人才（A类）、外国专业人才（B类）、其他外国人员（C类）。 ◎ 外国高端人才（A类） 中国经济社会发展急需的科学家、科技领军人才、国际企业家、专门特殊人	2017.4.1

（续表）

文　号	标　题	内　容　摘　要	执行时间
国家外国专家局外专发[2017]40号	关于全面实施外国人来华工作许可制度的通知	才等“高精尖缺”外国高端人才，符合国家引进外国人才重点和目录及以下条件之一的，确定为A类，实行“绿色通道”和“容缺受理”服务。 （一）入选国内人才引进计划的 经中共中央组织部、人力资源社会保障部、国家外国专家局批准或备案同意的副省级以上人才主管部门认定的人才引进计划的入选者。 （二）符合国际公认的专业成就认定标准的 1. 诺贝尔奖获得者（物理、化学、生理或医学、经济学奖）。 2. 以下奖项获得者：美国国家科学奖章、美国国家技术创新奖章；法国全国科研中心科研奖章；英国皇家金质奖章；科普利奖章；图灵奖；菲尔兹奖；沃尔夫数学奖；阿贝尔奖；拉斯克奖；克拉福德奖；日本国际奖；京都奖；邵逸夫奖；著名建筑奖；著名工业设计奖。 3. 各国科学院院士、工程院院士。 4. 担任过国际标准化组织（ISO）等国际知名学术机构和科教类国际组织委员、会员、理事的。 5. 各国国立研究所或国家实验室主任负责人、高级研究员。 6. 各国科技计划项目成果负责人、首席科学家或主要成员。 7. 担任过国际高水平科技期刊（JCR一、二区）正、副总编和高级会员。 8. 以第一作者或通讯作者（含同等贡献作者）在国际高水平科技期刊（所在专业领域《期刊引用报告》JCR一、二区）发表论文3篇。 9. 曾任国（境）外高水平大学中层以上管理职务或聘为教授、副教授的。	2017.4.1

（续表）

文　号	标　题	内　容　摘　要	执行时间
国家外国专家局外专发[2017]40号	关于全面实施外国人来华工作许可制度的通知	10. 曾任世界500强企业总部高层管理职位和技术研发主要成员、二级公司或地区总部副总经理以上管理职位、技术研发负责人。 11. 曾在国际著名金融机构、国际著名会计师事务所高层管理职位任职。 12. 世界著名音乐、美术、艺术学院校长、副校长及教授及副教授。 13. 担任世界著名乐团首席指挥和声部演奏员。 14. 曾在世界著名歌剧院或音乐厅以个人专场出演的艺术家。 15. 曾获著名文学奖、著名电影、电视、戏剧奖、著名音乐奖，著名广告奖中最高级别个人奖项及国际著名艺术比赛一类比赛大奖、一等奖或二类比赛大奖个人奖项及曾担任过以上奖项和比赛的评委。 16. 奥运会或近两届列入奥运会项目的世界杯、世锦赛及其他重要国际赛事进入前八名和亚运会或近两届列入亚运会项目的亚洲杯、亚锦赛前三名的知名运动员、负责培养的主教练或教练组核心成员。 17. 曾在外国政府机构担任部长级以上领导职务、在著名国际组织或非政府组织中担任高级领导职务的。 18. 世界及国家级技能大赛获奖者或从事其竞赛项目培训的专业人才；持有国际通用最高等级职业技能资格证书或我国高级技师职业技能资格证书的高技能人才。 （三）符合市场导向的鼓励类岗位需求的外国人才 1. 中央所属企业及二级子公司、世界500强企业全球或地区总部、国家高新	2017.4.1

（续表）

文　号	标　题	内　容　摘　要	执行时间
国家外国专家局外专发[2017]40号	关于全面实施外国人来华工作许可制度的通知	技术企业（省级以上科技部门认定）、大型企业聘用的具有高级管理或技术职务的人员。 2. 在国家认定的企业工程研究中心（发展改革部门认定）、工程实验室（发展改革部门认定）、工程技术研究中心（科技部门认定）、企业技术中心（经信部门认定）及地方技术创新服务平台（科技部门认定）工作的具有高级管理或技术职务的人员。 3. 国内外中型企业聘用的具有高级管理或技术职务的人员或符合《外商投资产业指导目录》鼓励类产业条目和《中西部地区外商投资优势产业目录》条目的小型外商投资企业聘请的董事长、法定代表人、总经理或首席技术专家。 4. 受聘担任高等院校、科研机构高层以上管理职务或副教授、副研究员及职业院校聘任的高级讲师、高级实习指导教师等副高级以上专业技术职务的人员。 5. 国内三甲综合医院或副省级以上城市专科医院或外资医院聘任担任高级管理职务或副高级以上专业技术职务的人员。 6. 国内一流乐团等艺术团体聘用的首席指挥、艺术总监及首席演奏员。 7. 中央和地方主流媒体聘任的总编、副总编、首席播音员、资深主持人、策划主管、版面设计主管等具有高级管理或技术职务的人员。 8. 国家级、省级运动队或俱乐部聘请的主力运动员、主教练或教练组核心成员。 9. 平均工资收入不低于本地区上年度社会平均工资收入6倍的外籍人才。 （四）创新创业人才 1. 以拥有的重大技术发明、专利等	2017.4.1

（续表）

文　号	标　题	内　容　摘　要	执行时间
国家外国专家局外专发[2017]40号	关于全面实施外国人来华工作许可制度的通知	自主知识产权或专有技术出资，连续三年投资情况稳定、企业实际投资累计不低于50万美元、个人股份不低于30%的企业创始人。 2. 以拥有的重大技术发明、专利等自主知识产权或专有技术出资，连续三年年销售额1 000万元人民币以上或年纳税额100万元人民币以上的企业董事长、法定代表人、总经理或首席技术专家。 3. 列入省级有关部门制定的创新企业清单或科创职业清单的单位聘请的具有高级管理或技术职务的人员。 （五）优秀青年人才 40岁以下在国（境）外高水平大学或中国境内高校从事博士后研究的青年人才。 （六）计点积分在85分以上的 ◎ 外国专业人才（B类） 符合外国人来华工作指导目录和岗位需求，属于中国经济社会事业发展急需的外国专业人才，符合以下条件之一的，确定为B类。 （一）具有学士及以上学位和2年及以上相关工作经历的外国专业人才。符合以下条款规定之一的： 1. 在教育、科研、新闻、出版、文化、艺术、卫生、体育等特殊领域从事科研、教学、管理等工作的管理人员或专业技术人员。 2. 执行中外政府间协议、国际组织间协议、中外经贸和工程技术合同的人员，对国际知名学术机构和科教类国际组织派遣的人员按照政府间交流合作协议条款相应放宽年龄要求。 3. 国际组织驻华代表机构聘雇人员和境外专家组织驻华机构代表。 4. 跨国公司派遣的中层以上雇员、	2017.4.1

（续表）

文　号	标　题	内　容　摘　要	执行时间
国家外国专家局外专发[2017]40号	关于全面实施外国人来华工作许可制度的通知	外国企业常驻中国代表机构的首席代表和代表。 5. 各类企业、事业单位、社会组织等聘用的外国管理人员或专业技术人员。 （二）持有国际通用职业技能资格证书或急需紧缺的技能型人才。 （三）外国语言教学人员。外国语言教学人员原则上应从事其母语国母语教学，并取得大学学士及以上学位且具有2年以上语言教育工作经历。其中，取得教育类、语言类或师范类学士及以上学位的，或取得所在国教师资格证书或取得符合要求的国际语言教学证书的，可免除工作经历要求。 （四）平均工资收入不低于本地区上年度社会平均工资收入4倍的外籍人才。 （五）符合国家有关部门规定的专门人员和实施项目的人员。 （六）计点积分在60分以上的专业人才。 ◎ 其他外国人员（C类） 满足国内劳动力市场需求，符合国家政策规定的其他外国人员，确定为C类，主要包括： （一）符合现行外国人在中国工作管理规定的外国人员； （二）从事临时性、短期性（不超过90日）工作的外国人员； （三）实施配额制管理的人员，包括根据政府间协议来华实习的外国青年、符合规定条件的外国留学生和境外高校外籍毕业生、远洋捕捞等特殊领域工作的外国人等。 ◎ 外国人来华工作许可申请条件 （一）用人单位基本条件 1. 依法设立，无严重违法失信记录；	2017.4.1

（续表）

文　号	标　题	内 容 摘 要	执行时间
国家外国专家局外专发[2017]40号	关于全面实施外国人来华工作许可制度的通知	聘用外国人从事的岗位应是有特殊需要，国内暂缺适当人选，且不违反国家有关规定的岗位；支付所聘用外国人的工资、薪金不得低于当地最低工资标准。 2. 法律法规规定应由行业主管部门前置审批的，需经过批准。 （二）申请人基本条件 1. 应年满18周岁，身体健康，无犯罪记录，境内有确定的用人单位，具有从事其工作所必需的专业技能或相适应的知识水平。 2. 所从事的工作符合我国经济社会发展需要，为国内急需紧缺的专业人员。 3. 法律法规对外国人来华工作另有规定的，从其规定。 （三）外国高端人才(A类) 外国高端人才是指符合“高精尖缺”和市场需求导向，中国经济社会发展需要的科学家、科技领军人才、国际企业家、专门特殊人才等，以及符合计点积分外国高端人才标准的人才。外国高端人才可不受年龄、学历和工作经历限制。 （四）外国专业人才(B类) 外国专业人才是指符合外国人来华工作指导目录和岗位需求，属于经济社会发展急需的人才，具有学士及以上学位和2年及以上相关工作经历，年龄不超过60周岁；对确有需要，符合创新创业人才、专业技能类人才、优秀外国毕业生、符合计点积分外国专业人才标准的以及执行政府间协议或协定的，可适当放宽年龄、学历或工作经历等限制。 （五）其他外国人员(C类) 其他外国人员是指满足国内劳动力市场需求，符合国家政策规定的其他外	2017.4.1

（续表）

文　号	标　题	内　容　摘　要	执行时间
国家外国专家局外专发[2017]40号	关于全面实施外国人来华工作许可制度的通知	国人员。 （六）具备如下条件的，予以批准 1. 属于外国人工作管理部门职权范围的； 2. 符合上述来华工作外国人条件的； 3. 申请材料真实、齐全、符合要求的。 （七）有如下情形之一的，不予批准 1. 申请材料不齐全的； 2. 申请材料不符合要求的； 3. 申请材料虚假的； 4. 申请人不符合来华工作条件的； 5. 不适宜发给外国人来华工作许可的其他情况。	2017.4.1
最高人民法院法释［2013］4号	关于审理劳动争议案件适用法律若干问题的解释（四）	◎ 外国人、无国籍人未依法取得就业证件即与中国境内的用人单位签订劳动合同，以及香港特别行政区、澳门特别行政区和台湾地区居民未依法取得就业证件即与内地用人单位签订劳动合同，当事人请求确认与用人单位存在劳动关系的，人民法院不予支持。 ◎ 持有《外国专家证》并取得《外国专家来华工作许可证》的外国人，与中国境内的用人单位建立用工关系的，可以认定为劳动关系。	2013.2.1
中华人民共和国主席令第57号	中华人民共和国出境入境管理法	◎ 外国人有下列行为之一的，属于非法就业： （一）未按照规定取得工作许可和工作类居留证件在中国境内工作的； （二）超出工作许可限定范围在中国境内工作的； （三）外国留学生违反勤工助学管理规定，超出规定的岗位范围或者时限在中国境内工作的。	2013.7.1

三、台、港、澳居民在内地就业管理规定

文　号	标　题	内　容　摘　要	执行时间
国务院国发[2018]28号	关于取消一批行政许可等事项的决定(2018)	◎ 取消台港澳人员在内地就业许可 ◎ 取消审批后,人力资源社会保障部通过以下措施加强事中事后监管:在台港澳人员就业服务、社会保障、失业登记、劳动权益保护等方面,尽快出台配套政策措施,并指导督促地方人力资源社会保障部门抓好落实。	2018.7.28
中华人民共和国人力资源和社会保障部令第37号	关于废止《台湾香港澳门居民在内地就业管理规定》的决定	◎ 根据《国务院关于取消一批行政许可等事项的决定》(国发〔2018〕28号)中取消台港澳人员在内地就业许可的精神,为进一步便利香港澳门台湾居民在内地(大陆)工作生活,促进交往交流,人力资源社会保障部决定,对《台湾香港澳门居民在内地就业管理规定》(劳动和社会保障部令第26号)予以废止。	2018.8.23
人力资源和社会保障部人社部发[2018]53号	关于香港澳门台湾居民在内地(大陆)就业有关事项的通知	◎ 在内地(大陆)求职、就业的港澳台人员,可使用港澳台居民居住证、港澳居民来往内地通行证、台湾居民来往大陆通行证等有效身份证件办理人力资源社会保障各项业务,以工商营业执照、劳动合同(聘用合同)、工资支付凭证或社会保险缴费记录等作为其在内地(大陆)就业的证明材料。 ◎ 2018年7月28日起,港澳台人员在内地(大陆)就业不再需要办理《台港澳人员就业证》。8月23日起,各地不再受理《台港澳人员就业证》申请;对此前已受理申请但尚未发放证件的,及时告知用人单位无需再申请办理。2018年12月31日前,处于有效期内的《台港澳人员就业证》仍可同时作为港澳台人员在内地(大陆)就业证明材料;2019年1月1日起终止使用。	2018.8.23

四、在中国境内就业外国人和台、港、澳居民参加社会保险

文号	标题	内容摘要	执行时间
中华人民共和国人力资源和社会保障部国家医疗保障局令第41号	香港澳门台湾居民在内地(大陆)参加社会保险暂行办法	◎ 在内地(大陆)依法注册或者登记的企业、事业单位、社会组织、有雇工的个体经济组织等用人单位(以下统称用人单位)依法聘用、招用的港澳台居民,应当依法参加职工基本养老保险、职工基本医疗保险、工伤保险、失业保险和生育保险,由用人单位和本人按照规定缴纳社会保险费。 在内地(大陆)依法从事个体工商经营的港澳台居民,可以按照注册地有关规定参加职工基本养老保险和职工基本医疗保险;在内地(大陆)灵活就业且办理港澳台居民居住证的港澳台居民,可以按照居住地有关规定参加职工基本养老保险和职工基本医疗保险。 在内地(大陆)居住且办理港澳台居民居住证的未就业港澳台居民,可以在居住地按照规定参加城乡居民基本养老保险和城乡居民基本医疗保险。 在内地(大陆)就读的港澳台大学生,与内地(大陆)大学生执行同等医疗保障政策,按规定参加高等教育机构所在地城乡居民基本医疗保险。 ◎ 用人单位依法聘用、招用港澳台居民的,应当持港澳台居民有效证件,以及劳动合同、聘用合同等证明材料,为其办理社会保险登记。在内地(大陆)依法从事个体工商经营和灵活就业的港澳台居民,按照注册地(居住地)有关规定办理社会保险登记。 已经办理港澳台居民居住证且符合在内地(大陆)参加城乡居民基本养老保险和城乡居民基本医疗保险条件的港澳台居民,持港澳台居民居住证在居住地办理社会保险登记。 ◎ 参加社会保险的港澳台居民,依法享受社会保险待遇。 ◎ 参加职工基本养老保险的港澳台居	2020.1.1

（续表）

文　号	标　题	内　容　摘　要	执行时间
中华人民共和国人力资源和社会保障部国家医疗保障局令第41号	香港澳门台湾居民在内地（大陆）参加社会保险暂行办法	民达到法定退休年龄时，累计缴费不足15年的，可以延长缴费至满15年。社会保险法实施前参保、延长缴费5年后仍不足15年的，可以一次性缴费至满15年。 　　参加城乡居民基本养老保险的港澳台居民，符合领取待遇条件的，在居住地按照有关规定领取城乡居民基本养老保险待遇。达到待遇领取年龄时，累计缴费不足15年的，可以按照有关规定延长缴费或者补缴。 　　参加职工基本医疗保险的港澳台居民，达到法定退休年龄时累计缴费达到国家规定年限的，退休后不再缴纳基本医疗保险费，按照国家规定享受基本医疗保险待遇；未达到国家规定年限的，可以缴费至国家规定年限。退休人员享受基本医疗保险待遇的缴费年限按照各地规定执行。 　　参加城乡居民基本医疗保险的港澳台居民按照与所在统筹地区城乡居民同等标准缴费，并享受同等的基本医疗保险待遇。 　　参加基本医疗保险的港澳台居民，在境外就医所发生的医疗费用不纳入基本医疗保险基金支付范围。 ◎港澳台居民在达到规定的领取养老金条件前离开内地（大陆）的，其社会保险个人账户予以保留，再次来内地（大陆）就业、居住并继续缴费的，缴费年限累计计算；经本人书面申请终止社会保险关系的，可以将其社会保险个人账户储存额一次性支付给本人。 　　已获得香港、澳门、台湾居民身份的原内地（大陆）居民，离开内地（大陆）时选择保留社会保险关系的，返回内地（大陆）就业、居住并继续参保时，原缴费年限合并计算；离开内地（大陆）	2020.1.1

（续表）

文　号	标　题	内　容　摘　要	执行时间
中华人民共和国人力资源和社会保障部国家医疗保障局令第41号	香港澳门台湾居民在内地（大陆）参加社会保险暂行办法	时已经选择终止社会保险关系的，原缴费年限不再合并计算，可以将其社会保险个人账户储存额一次性支付给本人。 ◎参加社会保险的港澳台居民在内地（大陆）跨统筹地区流动办理社会保险关系转移时，按照国家有关规定执行。港澳台居民参加企业职工基本养老保险的，不适用建立临时基本养老保险缴费账户的相关规定。已经领取养老保险待遇的，不再办理基本养老保险关系转移接续手续。已经享受退休人员医疗保险待遇的，不再办理基本医疗保险关系转移接续手续。 参加职工基本养老保险的港澳台居民跨省流动就业的，应当转移基本养老保险关系。达到待遇领取条件时，在其基本养老保险关系所在地累计缴费年限满10年的，在该地办理待遇领取手续；在其基本养老保险关系所在地累计缴费年限不满10年的，将其基本养老保险关系转回上一个缴费年限满10年的参保地办理待遇领取手续；在各参保地累计缴费年限均不满10年的，由其缴费年限最长的参保地负责归集基本养老保险关系及相应资金，办理待遇领取手续，并支付基本养老保险待遇；如有多个缴费年限相同的最长参保地，则由其最后一个缴费年限最长的参保地负责归集基本养老保险关系及相应资金，办理待遇领取手续，并支付基本养老保险待遇。 参加职工基本养老保险的港澳台居民跨省流动就业，达到法定退休年龄时累计缴费不足15年的，按照本条第二款有关待遇领取地的规定确定继续缴费地后，按照本办法第六条第一款办理。	2020.1.1

（续表）

文 号	标 题	内 容 摘 要	执行时间
中华人民共和国人力资源和社会保障部第16号	在中国境内就业的外国人参加社会保险暂行办法	◎ 在中国境内依法注册或者登记的企业、事业单位、社会团体、民办非企业单位、基金会、律师事务所、会计师事务所等组织（以下称用人单位）依法招用的外国人，应当依法参加职工基本养老保险、职工基本医疗保险、工伤保险、失业保险和生育保险，由用人单位和本人按照规定缴纳社会保险费。 ◎ 与境外雇主订立雇佣合同后，被派遣到在中国境内注册或者登记的分支机构、代表机构（以下称境内工作单位）工作的外国人，由境内工作单位和本人按照规定缴纳社会保险费。 ◎ 参加社会保险的外国人，符合条件的，依法享受社会保险待遇。在达到规定的领取养老金年龄前离境的，其社会保险个人账户予以保留，再次来中国就业的，缴费年限累计计算；经本人书面申请终止社会保险关系的，也可以将其社会保险个人账户储存额一次性支付给本人。 ◎ 具有与中国签订社会保险双边或者多边协议国家国籍的人员在中国境内就业的，其参加社会保险的办法按照协议规定办理。	2010.10.15
上海市人力资源和社会保障局沪人社养发[2009]38号	关于在沪工作的外籍人员、获得境外永久（长期）居留权人员和台湾香港澳门居民参加城镇职工社会保险若干问题的通知	与属于参加本市城镇基本养老保险范围的用人单位建立劳动（聘用）关系，并按规定分别办理了相关证件的外籍、获得境外永久（长期）居留权、台、港、澳来沪工作人员，可以按照相关规定同时参加本市城镇职工基本养老保险、基本医疗保险和工伤保险，并在劳动（聘用）合同中予以约定。	2009.10.10

五、外国人在中国就业办理就业手续

文号	标题	内容摘要	执行时间
劳社厅函[2005]231号	关于对外国人在中国就业管理有关问题的函	◎按照《外国人在中国就业管理规定》(劳部发[1996]29号)规定,外国人在中国就业,应当持职业签证入境,凭职业签证办理《外国人就业证》(以下简称就业证)后,办理外国人居留手续。 ◎根据《外国人在中国就业管理规定》第八条"特殊情况,应由用人单位按本规定规定的审批程序申领许可证书,被聘用的外国人凭许可证书到公安机关改变身份,办理就业证、居留证后方可就业"规定,外国企业常驻中国代表机构的首席代表因设立机构而持访问签证入境的,可凭访问签证到劳动保障部门直接办理就业证,凭就业证到公安机关申请居留许可。	2005.7.4

第二部分　保险福利

第十章　社会保险缴费标准

2020年度上海市职工社会保险缴费标准

项目 对象	缴费基数	养老保险		医疗保险（含生育保险）		失业保险		工伤保险
		单位	个人	单位	个人	单位	个人	单位
机关、事业、企业、社会团体等单位	4 927—28 017元（注1）	16%	8%	10%（注3）	2%	0.5%	0.5%	0.16%—1.52%
有雇工的个体工商户	4 927—28 017元	个体业主缴付16%	个人（包括业主）缴付8%	个体业主缴付10%	个人（包括业主）缴付2%	个体业主缴付0.5%	个人（包括业主）缴付0.5%	个体业主缴付0.16%—1.52%
灵活就业人员（含非全日制从业人员）	4 927—28 017元	24%		11%		——		—— （注2）

注：

1. 2020年度职工社会保险缴费基数上限为28 017元，下限为4 927元。单位缴费基数按单位内职工个人月缴费基数之和确定。
2. 按照《上海市工伤保险实施办法》的规定，非全日制从业人员由用人单位缴纳工伤保险费并享受相应的工伤保险待遇。
3. 2020年2月—6月，企业参加职工基本医疗保险（含生育保险）单位缴费部分按5.25%的比例缴费；个人缴费比例不作调整。

附:历年社会保险缴费比例汇总表

缴费年度		养老	医疗	失业	工伤	生育
2014	单位	21	11	1.5	0.5	1
	个人	8	2	0.5	—	—
2015	单位	21	11	1.5	0.5	1
	个人	8	2	0.5	—	—
2016	单位	20	10	1	0.2—1.9	1
	个人	8	2	0.5	—	—
2017	单位	20	9.5	0.5	0.2—1.9	1
	个人	8	2	0.5	—	—
2018	单位	20	9.5	0.5	0.2—1.9	1
	个人	8	2	0.5	—	—
2019	单位	16	9.5	0.5	0.16—1.52	1
	个人	8	2	0.5	—	—
2020	单位	16	10(含生育)	0.5	0.16—1.52	—
	个人	8	2	0.5	—	—

注:2020 年 2—6 月,企业参加职工基本医疗保险(含生育保险)单位缴费部分按 5.25%的比例缴费,个人缴费比例不作调整。

第十一章　城镇养老保险

一、养老保险缴费比例和缴费基数

文　号	标　题	内　容　摘　要	执行时间
上海市人力资源和社会保障局沪人社规［2019］14号	关于降低本市城镇职工社会保险费率的通知	本市城镇职工基本养老保险（包括企业和机关事业单位基本养老保险）单位缴费比例降低4个百分点，由现行的20%降至16%；个人缴费比例不作调整，仍为8%。	2019.5.1～2023.12.31
上海市人力资源和社会保障局沪劳保基发［2006］7号	关于确定缴纳社会保险费工资基数的通知	◎ 当年个人缴费基数按职工本人上年月平均工资性收入确定。个人缴费基数的上限和下限，根据本市公布的上年度全市职工月平均工资的300%和60%相应确定。 ◎ 缴费单位按月缴纳社会保险费的基数按单位内缴费个人月缴费基数之和确定。 ◎ 首次参加工作和变动工作单位的缴费个人，应按新进单位首月全月工资性收入确定月缴费基数。	2006.3.28
上海市人力资源和社会保障局沪劳保福发［2002］18号	关于《上海市城镇生育保险办法》实施中若干问题处理意见的通知	单位在确定生育妇女个人下一年度月缴费基数时，应将生育妇女按规定享受的生育生活津贴和享受生育生活津贴的期限剔除计算。	2001.11.1

附：历年养老保险缴费比例和缴费基数

缴费年度			2010	2011	2012	2013	2013.10	2014	2015	2016	2017	2018	2019	2020
上年度全市月平均工资			3 566	3 896	4 331	4 692	4 692	5 036	5 451	5 939	6 504	7 132	8 765	9 580
缴费下限	具体标准		2 140	2 338	2 599	2 815	2 815	3 022	3 271	3 563	3 902	4 279	4 927	4 927
	个人缴费	比例(%)	8	8	8	8	8	8	8	8	8	8	8	8
		金额(元)	171.2	187.1	208	225.2	225.2	241.8	261.7	285.1	312.2	342.3	394.2	394.2
	单位缴费	比例(%)	22	22	22	22	21	21	21	20	20	20	16	16
		金额(元)	470.8	514.4	571.8	619.3	591.2	634.7	687.0	712.6	780.4	855.8	788.3	788.3
缴费上限	具体标准		10 698	11 688	12 993	14 076	14 076	15 108	16 353	17 817	19 512	21 396	24 633	28 017
	个人缴费	比例(%)	8	8	8	8	8	8	8	8	8	8	8	8
		金额(元)	855.8	935.1	1 039.5	1 126.1	1 126.1	1 208.7	1 308.3	1 425.4	1 561	1 711.7	1 970.6	2 241.4
	单位缴费	比例(%)	22	22	22	22	21	21	21	20	20	20	16	16
		金额(元)	2 353.6	2 571.4	2 858.5	3 096.8	2 956	3 172.7	3 434.2	3 563.4	3 902.4	4 279.2	3 941.3	4 482.7

二、职工退休条件

文　号	标　题	内　容　摘　要	执行时间
中华人民共和国政秘字 134 号命令	中华人民共和国劳动保险条例	◎ 养老待遇的规定： 男工人与男职员年满六十岁，一般工龄已满二十五年，本企业工龄满五年者，可退职养老。退职后，由劳动保险基金项下，按其本企业工龄的长短，按月付给退职养老补助费，其数额为本人工资的百分之五十至七十，付至死亡时止。合于养老条件，但因该企业工作的需要，留其继续工作者，除发给原有工资外，应由劳动保险基金项下，按其本企业工龄的长短，每月付给在职养老补助费，其数额为本人工资百分之十至二十。 女工人与女职员年满五十岁，一般工龄满二十年，本企业工龄满五年者，得享受本条甲款规定的养老补助费待遇。 井下矿工或固定在华氏三十二度以下的低温的工作场所或华氏一百度以上的高温工作场所工作者，男工人与男职员年满五十五岁，女工人与女职员年满四十五岁，均得享受本条甲款规定的养老补助费待遇。计算其一般工龄及本企业工龄时，每在此种场所工作一年，均作一年零三个月计算。 在提炼或制造铅、汞、砒、磷、酸的工业中及其他化学、兵工工业中，直接从事有害身体健康工作者，男工人与男职员年满五十五岁，女工人与女职员年满四十五岁，均得享受本条甲款规定的养老补助费待遇。计算其一般工龄及本企业工龄时，每从事此种工作一年，均作一年零六个月计算。	1951.2.26 1953.1.2 修订

（续表）

文　号	标　题	内　容　摘　要	执行时间
国务院	关于安置老弱病残干部的暂行办法	◎ 党政机关、群众团体、企业、事业单位的干部，符合下列条件之一的，都可以退休。 （一）男年满六十周岁，女年满五十五周岁，参加革命工作年限满十年的； （二）男年满五十周岁，女年满四十五周岁，参加革命工作年限满十年，经过医院证明完全丧失工作能力的； （三）因公致残，经过医院证明完全丧失工作能力的。	1978.6.2
国务院国发［1978］104号	国务院关于工人退休、退职的暂行办法	◎ 企业、事业单位和党政机关、群众团体的工人，符合下列条件之一的，应该退休： 1. 男年满60周岁，女年满50周岁，连续工龄满10年的。 2. 从事井下、高空、高温、特别繁重体力劳动或者其他有害身体健康的工人，男年满55周岁、女年满45周岁，连续工龄满10年的。 本项规定也适用于工作条件与工人相同的基层干部。 3. 男年满50周岁，女年满45周岁，连续工龄满10年的，由医院证明，并经劳动鉴定委员会确认，完全丧失劳动能力的。	1978.6.2
中华人民共和国国务院令第535号	中华人民共和国劳动合同法实施条例	◎ 劳动者达到法定退休年龄的，劳动合同终止。	2008.9.18

（续表）

文　号	标　题	内　容　摘　要	执行时间
中华人民共和国主席令第25号	中华人民共和国社会保险法（2018修正）	◎参加基本养老保险的个人，达到法定退休年龄时累计缴费满十五年的，按月领取基本养老金。 参加基本养老保险的个人，达到法定退休年龄时累计缴费不足十五年的，可以缴费至满十五年，按月领取基本养老金；也可以转入新型农村社会养老保险或者城镇居民社会养老保险，按照国务院规定享受相应的养老保险待遇。	2018.12.29

三、职工退职条件

文　号	标　题	内　容　摘　要	执行时间
上海市人民政府令第63号	上海市城镇职工养老保险办法	本办法实施前参加工作、到达退休年龄时连续工龄（包括缴费年限）满5年不满10年的人员，应该退职；连续工龄满5年、因病或者非因工致残的在职人员，经劳动鉴定委员会确认完全丧失劳动能力的，可以退职。	1994.6.1 1997.12.19第一次修正 2010.12.20第二次修正

注：（1）本办法实施前系指1992年底前参加工作；（2）按本市有关规定，办理退职还须因病连续停止工作一年以上，男年满50周岁，女满45周岁的人员。

四、特殊工种人员退休条件

文　号	标　题	内　容　摘　要	执行时间
上海市人力资源和社会保障局沪人社养发[2010]42号	关于印发《本市特殊工种提前退休审批工作规范》的通知	◎按特殊工种退休条件办理退休手续的人员必须同时符合下列条件： 1. 男满55周岁，女满45周岁； 2. 1992年底以前参加工作，连续工龄（不含折算工龄）和1993年1月以后的实际缴费年限满10年，个体工商户及其帮工、自由职业人员满15年；	2010.10.1

（续表）

文号	标题	内容摘要	执行时间
上海市人力资源和社会保障局沪人社养发[2010]42号	关于印发《本市特殊工种提前退休审批工作规范》的通知	3. 在高空和特别繁重体力劳动工种岗位上工作累计满10年、在井下和高温工种岗位上工作累计满9年、在其他有害身体健康工种岗位上工作累计满8年； 曾经从事过两个及以上特殊工种的人员，可将两个及以上特殊工种的实际工作年限相加，退休条件按从事特殊工种要求工作年限长的规定掌握； 4. 符合国家和本市规定的其他条件。	2010.10.1

五、各类人才柔性延迟办理申领基本养老金

文号	标题	内容摘要	执行时间
上海市人力资源和社会保障局沪人社养发[2010]47号	上海市人力资源和社会保障局关于本市企业各类人才柔性延迟办理申领基本养老金手续的试行意见	◎ 符合本试行意见的人员，延迟办理申领基本养老金手续的年龄，男性一般不超过65周岁，女性一般不超过60周岁。 ◎ 劳动者到达退休年龄时，劳动合同依法终止。企业与符合意见规定延迟办理申领基本养老金手续条件的人员可协商签订相关工作协议。 ◎ 工作协议中约定了履行期限的，协议到期终止。工作协议履行过程中双方协商一致的，可以解除协议。此外，双方也可以在协议中约定解除或终止的条件等其他内容。 ◎ 工作协议解除、终止时，劳动者申领基本养老金的条件即时成立，企业应当为延迟申领基本养老金人员办理申领基本养老金手续。 ◎ 企业及个人按规定缴纳基本养老保险费和工伤保险费，不再缴纳医疗、失业及生育保险费。	2010.10.1

（续表）

文　号	标　题	内　容　摘　要	执行时间
上海市人力资源和社会保障局沪人社养发[2010]47号	上海市人力资源和社会保障局关于本市企业各类人才柔性延迟办理申领基本养老金手续的试行意见	◎医疗保险待遇按照到达法定退休年龄领取基本养老金人员的医疗保险待遇规定执行。 ◎延迟期间发生工伤事故的，按照本市工伤保险有关规定享受相应工伤保险待遇。 ◎延迟期间因病或非因工死亡的，丧葬补助金按照本市企业退休人员因病或非因工死亡后相关规定执行，所需费用由本市城镇基本养老保险统筹基金支付。	2010.10.1

六、养老金的计发方法

参保对象	计　算　标　准
1993年1月1日起参加工作的参保人员（简称“新人”）	◎1993年1月1日起参加工作，缴费年限累计满15年的参保人员，退休后可以按月领取基本养老金，其基本养老金由基础养老金和个人账户养老金组成。 ◎基础养老金月标准以参保人员办理申领基本养老金手续时上年度全市职工月平均工资和本人指数化月平均缴费工资相加后的平均值为基数，缴费每满1年加发1%（具体计算办法见附表一）。其中，本人指数化月平均缴费工资按照参保人员办理申领基本养老金手续时上年度全市职工月平均工资乘以本人月平均缴费工资指数确定。 　　计算参保人员本人月平均缴费工资指数时，应当包括其视同缴费年限的缴费工资指数。参保人员2010年底前缴费年限（含视同缴费年限）的月缴费工资指数，统一按照1计算；从2011年1月1日起，参保人员月缴费工资指数统一按照实际计算。其中，2011年1月1日至2013年12月31日为过渡期。参保人员2011年月缴费工资指数的平均值低于1的，当年月缴费工资指数按照1计算；2012年月缴费工资指数的平均值低于0.85的，当年月缴费工资指

（续表）

参保对象	计　算　标　准		
1993年1月1日起参加工作的参保人员（简称"新人"）	数按照0.85计算；2013年月缴费工资指数的平均值低于0.75的，当年月缴费工资指数按照0.75计算。 ◎ 个人账户养老金月标准为个人账户储存额除以规定的计发月数（见附表二）。		
1992年底以前参加工作的参保人员（简称"中人"）	◎ 1992年底以前参加工作，缴费年限（含按有关规定的"虚账实记"记账年限）累计满15年的参保人员，退休后可以按月领取基本养老金，其基本养老金由基础养老金、个人账户养老金和过渡性养老金组成。 ◎ 基础养老金月标准按照"新人"的基础养老金规定计发。 ◎ 个人账户养老金月标准为个人账户储存额（不含"虚账实记"的金额及其利息）除以规定的计发月数。 ◎ 过渡性养老金月标准为"虚账实记"的金额及其利息除以120。		
规定文件	上海市人民政府印发修订后的《关于本市城镇企业职工基本养老金计发办法若干问题的处理意见》的通知（沪府发[2015]73号）	执行时间	2016.1.1～2020.12.31
	上海市人民政府关于调整本市城镇企业基本养老金计发办法的通知（沪府发[2007]27号）		2007.9.1

附表一：本市城镇企业职工基本养老金中基础养老金的计算办法

文　号	标　题	内　容　摘　要	执行时间
上海市人民政府沪府发[2015]73号	印发修订后的《关于本市城镇企业职工基本养老金计发办法若干问题的处理意见》的通知	◎ 基础养老金＝（参保人员办理申领基本养老金手续时上年度全市职工月平均工资＋本人指数化月平均缴费工资）÷2×（1%×缴费年限） 本人指数化月平均缴费工资＝参保人员办理申领基本养老金手续时上年度全市职工月平均工资×本人平均月缴费工资指数（计算本人平均月缴费工资指数时，包括视同缴费年限的缴费工资指数）	2016.1.1～2020.12.31

（续表）

文 号	标 题	内 容 摘 要	执行时间
上海市人民政府沪府发[2015]73号	印发修订后的《关于本市城镇企业职工基本养老金计发办法若干问题的处理意见》的通知	本人平均月缴费工资指数 = $(Z_1 + Z_2 + \cdots\cdots + Z_{m-1} + Z_m + 1 \times n) \div N$，$Z_1$、$Z_2 \cdots\cdots Z_{m-1}$、$Z_m$ 为参保人员的月缴费工资指数。月缴费工资指数按照参保人员退休前1月、2月……m－1月、m月本人月缴费工资基数除以对应的本市上年度全市职工月平均工资计算（计算结果保留四位小数）。 ◎ 参保人员2010年底以前实际缴费年限的月缴费工资指数统一按照1计算。 ◎ N为参保人员累计缴费年限的月数（含视同缴费年限的月数）。	2016.1.1～2020.12.31

附表二：个人账户养老金计发月数表

退休年龄	计发月数	退休年龄	计发月数
40	233	56	164
41	230	57	158
42	226	58	152
43	223	59	145
44	220	60	139
45	216	61	132
46	212	62	125
47	208	63	117
48	204	64	109
49	199	65	101
50	195	66	93
51	190	67	84
52	185	68	75
53	180	69	65
54	175	70	56
55	170		

七、城镇养老保险转移接转办法

<table>
<tr><th>文号</th><th>标题</th><th colspan="3">内容摘要</th><th>执行时间</th></tr>
<tr><td rowspan="6">国务院办公厅国办发[2009]66号</td><td rowspan="6">关于转发城镇企业职工基本养老保险关系转移接续暂行办法的通知</td><td colspan="3">参保人员跨省流动就业的，由原参保所在地社保经办机构开具参保缴费凭证，其基本养老保险关系应随同转移到新参保地。参保人员达到基本养老保险待遇领取条件的，其在各地的参保缴费年限合并计算，个人账户储存额（含本息）累计计算；未达到待遇领取年龄前，不得终止基本养老保险关系并办理退保手续。</td><td rowspan="6">2010.1.1</td></tr>
<tr><td rowspan="2">转移资金计算</td><td>个人账户储存额</td><td>1998年1月1日之前按个人缴费累计本息计算转移，1998年1月1日后按计入个人账户的全部储存额计算转移。</td></tr>
<tr><td>统筹基金（单位缴费）</td><td>以本人1998年1月1日后各年度实际缴费工资为基数，按12%的总和转移，参保缴费不足1年的，按实际缴费月数计算转移。</td></tr>
<tr><td rowspan="3">转移办法</td><td colspan="2">参保人员返回户籍所在地（指省、自治区、直辖市，下同）就业参保的，户籍所在地的相关社保经办机构应为其及时办理转移接续手续。</td></tr>
<tr><td colspan="2">参保人员未返回户籍所在地就业参保的，由新参保地的社保经办机构为其及时办理转移接续手续。但对男性年满50周岁和女性年满40周岁的，应在原参保地继续保留基本养老保险关系，同时在新参保地建立临时基本养老保险缴费账户，记录单位和个人全部缴费。参保人员再次跨省流动就业或在新参保地达到待遇领取条件时，将临时基本养老保险缴费账户中的全部缴费本息，转移归集到原参保地或待遇领取地。</td></tr>
<tr><td colspan="2">参保人员经县级以上党委组织部门、人力资源社会保障行政部门批准调动，且与调入单位建立劳动关系并缴纳基本养老保险费的，不受以上年龄规定限制，应在调入地及时办理基本养老保险关系转移接续手续。</td></tr>
</table>

（续表）

文　号	标　题	内　容　摘　要		执行时间
国务院办公厅国办发[2009]66号	关于转发城镇企业职工基本养老保险关系转移接续暂行办法的通知	领取条件	基本养老保险关系在户籍所在地的，由户籍所在地负责办理待遇领取手续，享受基本养老保险待遇。	2010.1.1
			基本养老保险关系不在户籍所在地，而在其基本养老保险关系所在地累计缴费年限满 10 年的，在该地办理待遇领取手续，享受当地基本养老保险待遇。	
			基本养老保险关系不在户籍所在地，且在其基本养老保险关系所在地累计缴费年限不满 10 年的，将其基本养老保险关系转回上一个缴费年限满 10 年的原参保地办理待遇领取手续，享受基本养老保险待遇。	
			基本养老保险关系不在户籍所在地，且在每个参保地的累计缴费年限均不满 10 年的，将其基本养老保险关系及相应资金归集到户籍所在地，由户籍所在地按规定办理待遇领取手续，享受基本养老保险待遇。	
人力资源社会保障部人社部规[2016]5号	关于城镇企业职工基本养老保险关系转移接续若干问题的通知	◎ 一地（以省、自治区、直辖市为单位）的累计缴费年限包括在本地的实际缴费年限和计算在本地的视同缴费年限。其中，曾经在机关事业单位和企业工作的视同缴费年限，计算为当时工作地的视同缴费年限；在多地有视同缴费年限的，分别计算为各地的视同缴费年限。 ◎ 关于一次性缴纳养老保险费的转移。跨省流动就业人员转移接续养老保险关系时，对于符合国家规定一次性缴纳养老保险费超过 3 年（含）的，转出地应向转入地提供人民法院、审计部门、实施劳动保障监察的行政部门或劳动争议仲裁委员会出具的具有法律效力证明一次性缴费期间存在劳动关系的相应文书。 ◎ 关于重复领取基本养老金的处理。《城镇企业职工基本养老保险关系转移接续暂行办法》实施之后重复领取基本养老金的参保人员，由本人与社会保险经办机构协商确定保留其中一个养老保险关系并继续领取待遇，其他的养老保险关系应予以清理，个人账户剩余部分一次性退还本人。 ◎ 关于户籍所在地社会保险经办机构归集责任。跨省流动就业人员未在户籍地参保，但按国家规定达到待遇领取条件时待遇领取地为户籍地的，户籍地社会保险经办机构应为参保人员办理登记手续并办理养老保险关系转移接续手续，将各地的养老保险关系归集至户籍地，并核发相应的养老保险待遇。		2016.11.28

第十二章 医疗保险

一、医疗保险缴费比例和缴费基数

文号	标题	内容摘要	执行时间
上海市人民政府令第8号	上海市职工基本医疗保险办法	◎在职职工的缴费基数为本人上一年度月平均工资。本人上一年度月平均工资超过上一年度本市在职职工月平均工资300%的，超过部分不计入缴费基数；低于上一年度本市在职职工月平均工资60%的，以上一年度本市在职职工月平均工资的60%为缴费基数。 ◎在职职工个人应当按照其缴费基数2%的比例，缴纳基本医疗保险费。 ◎用人单位的缴费基数为本单位职工缴费基数之和。 ◎用人单位应当按照其缴费基数9%的比例，缴纳基本医疗保险费，并按照其缴费基数2%的比例，缴纳地方附加医疗保险费。	2013.12.1
上海市人民政府沪府[2017]48号	市政府关于调整本市城镇职工社会保险缴费比例的通知	◎本市职工基本医疗保险缴费比例，由原来的12%调整为11.5%。其中，单位缴纳基本医疗保险费的比例由原来的8%调整为7.5%，单位缴纳地方附加医疗保险费的比例及个人缴费比例不作调整。	2017.1.1
上海市医疗保障局、上海市人力资源和社会保障局、上海市财政局沪医保待[2020]11号	关于2020年阶段性降低本市职工基本医疗保险缴费费率的通知	◎2020年2月—12月，本市职工基本医疗保险(含生育保险)单位缴费比例降低0.5个百分点，由现行的10.5%降至10%；个人缴费比例不作调整。 ◎本市灵活就业人员缴纳职工基本医疗保险比例，由现行的11.5%降至11%。	2020.2～2020.12

二、单位缴费计入个人医疗账户标准

文号	标题	内容摘要			执行时间
		参保对象	年龄分档	计入标准(元)	
上海市医疗保障局沪医保规[2020]5号	关于本市基本医疗保险2020医保年度转换有关事项的通知	在职职工	34岁以下	210	2020.6.22～2021.6.30
			35～44岁	420	
			45岁以上	630	
		退休人员	74岁以下	1 680	
			75岁以上	1 890	

注：在职职工个人医疗账户标准为本人缴纳的基本医疗保险费与单位缴费计入个人医疗账户标准之和。

三、在职职工医疗保险支付标准和个人自负比例

类　别	门急诊医疗费用					住院医疗费用						
	账户段	自负段（元）	共负段			起付线		共负段 1			共负段 2	
								最高支付限额以下，起付线以上		最高支付限额	最高支付限额以上部分	
			医院	医保（%）	个人（%）	标准（元）	以下部分	医保（%）	个人（%）	标准（元）	医保（%）	个人（%）
44 岁以下	用完个人账户当年计入金额	1 500（注 2）	一级	65	35	1 500（注 2）	个人自负	85	15	550 000	80	20
			二级	60	40							
			三级	50	50							
45 岁至退休			一级	75	25							
			二级	70	30							
			三级	60	40							
原在职“中一”人员（注 1）			一级	75	25							
			二级	70	30							
			三级	70	30							
规定文件	上海市人民政府令第 8 号《上海市职工基本医疗保险办法》										执行时间	2013.12.1
	上海市医疗保障局《关于本市基本医疗保险 2020 医保年度转换有关事项的通知》（沪医保规[2020]5 号）											2020.6.22～2020.6.30

注 1：原退休“中一”人员是指在 1955 年 12 月 31 日前出生、2000 年 12 月 31 日前参加工作的在职职工。

注 2：自负段标准部分的医疗费用以及共付段由医保基金支付后其余部分的医疗费用，如个人医疗账户有历年结余资金的，先由历年结余资金支付，不足部分由参保人员自负。

四、退休人员医疗保险支付标准和个人自负比例

类别	门急诊医疗费用					住院医疗费用						
	账户段	自负段(元)	共负段			起付线		共负段1			共负段2	
								最高支付限额以下,起付线以上		最高支付限额	最高支付限额以上部分	
			医院	医保(%)	个人(%)	标准(元)	以下部分	医保(%)	个人(%)	标准(元)	医保(%)	个人(%)
退休至69岁	用完个人账户当年计入金额	700(注2)	一级	80	20	1 200(注2)	个人自负	92	8	550 000	80	20
			二级	75	25							
			三级	70	30							
70岁以上、原退休“中一”人员(注1)			一级	85	15							
			二级	80	20							
			三级	75	25							
2000年12月31日前退休		300(注2)	一级	90	10	700(注2)						
			二级	85	15							
			三级	80	20							
文件	上海市人民政府令第8号《上海市职工基本医疗保险办法》										执行时间	2013.12.1
	上海市医疗保障局《关于本市基本医疗保险2020医保年度转换有关事项的通知》(沪医保规[2020]5号)											2020.6.22～2021.6.30

注1:原退休“中一”人员是指在1955年12月31日前出生、2000年12月31日前参加工作并于2001年1月1日后办理退休手续的人员。

注2:自负段标准部分的医疗费用以及共付段由医保基金支付后其余部分的医疗费用,如个人医疗账户有历年结余资金的,先由历年结余资金支付,不足部分由参保人员自负。

五、门诊大病和家庭病床医疗费用

<table>
<tr><th>文　号</th><th>标　题</th><th colspan="5">内　容　摘　要</th><th>执行时间</th></tr>
<tr><td rowspan="4">上海市人民政府令第 8 号</td><td rowspan="4">上海市职工基本医疗保险办法</td><td></td><td colspan="2">门诊大病</td><td colspan="2">职工家庭病床</td><td rowspan="4">2013.12.1</td></tr>
<tr><td></td><td>医保(%)</td><td>自负(%)</td><td>医保(%)</td><td>自负(%)</td></tr>
<tr><td>在职职工</td><td>85</td><td>15</td><td>80</td><td>20</td></tr>
<tr><td>退休人员</td><td>92</td><td>8</td><td>80</td><td>20</td></tr>
</table>

六、使用药品的费用支付

文　号	标　题	内　容　摘　要	执行时间
上海市人力资源和社会保障局沪人社医［2017］430 号	关于印发《上海市基本医疗保险、工伤保险和生育保险药品目录（2017 年版）》的通知	◎ 本市基本医疗保险参保人员使用《上海药品目录》内西药与中成药(包括民族药)所发生的费用，按以下规定支付： 1. 甲类药品按照本市基本医疗保险规定支付。 2. 乙类药品支付比例分 4 档： (1) 参照甲类支付：按照本市基本医疗保险规定支付； (2) 按 10%自负比例支付：由参保人员先自负 10%比例现金，其余费用再按本市基本医疗保险的规定支付； (3) 按 20%自负比例支付：由参保人员先自负 20%比例现金，其余费用再按本市基本医疗保险的规定支付。 (4) 按定额标准自负：由参保人员按定额标准自负，具体标准经本市医保部门综合考虑药品采购价格、医保基金运行状况、患者合理分担机制等因素后确定，并通过本市医保经办机构公布执行。 ◎ 本市老红军、离休人员和一至六级革命伤残军人不实行个人自负医疗费。	2017.12.1

七、医疗保险综合减负办法

文　号	标　题	内　容　摘　要	执行时间
上海市人力资源和社会保障局沪人社医发[2016]46号	关于印发《上海市职工基本医疗保险综合减负实施办法》的通知	◎ 适用对象 本实施办法适用于参加本市职工基本医疗保险的在职职工和退休人员(以下统称"参保人员")。 ◎ 适用条件 参保人员年自负医疗费累计超过其年收入一定比例的部分,实行医保综合减负,具体如下: (一) 因患大病或大部分丧失劳动能力原因无法就业的协议保留社会保险关系人员,年自负医疗费累计超过本市上年度最低生活标准25%以上的部分; (二) 在职职工年收入在本市上年度职工最低工资标准80%及以下的,年自负医疗费累计超过本市上年度职工最低工资标准80%的25%以上的部分; (三) 在职职工年收入在本市上年度职工最低工资标准80%至最低工资标准之间的,年自负医疗费累计超过其年收入25%以上的部分; (四) 在职职工年收入在本市上年度职工最低工资标准以上、职工年平均工资1.5倍以下的,年自负医疗费累计超过其年收入30%以上的部分; (五) 在职职工年收入在本市上年度职工年平均工资1.5倍以上、3倍以下的,年自负医疗费累计超过其年收入40%以上的部分; (六) 退休人员年养老金在本市上年度职工最低工资标准80%及以下的,年自负医疗费累计超过本市上年度职工最低工资标准80%的25%以上的部分; (七) 退休人员年养老金在本市上年度职工最低工资标准80%至最低工资标准之间的,年自负医疗费累计超过其年养老金25%以上的部分;	2016.9.22 ～ 2021.9.21

（续表）

文　号	标　题	内　容　摘　要	执行时间
上海市人力资源和社会保障局沪人社医发[2016]46号	关于印发《上海市职工基本医疗保险综合减负实施办法》的通知	（八）退休人员年养老金在本市上年度职工最低工资标准以上的，年自负医疗费累计超过其年养老金30%以上的部分。 ◎ 综合减负标准及范围 （一）符合医保综合减负条件的参保人员，年自负医疗费累计超过本实施办法第二条规定比例的，超过部分的自负医疗费减负90%。 （二）年自负医疗费是指在一个医保年度内，按照本市基本医疗保险规定现金自负的医疗费，即符合基本医疗保险诊疗项目、医疗服务设施和用药范围以及支付标准的医疗费中，按规定由个人现金自负的医疗费，其中包括诊疗项目分类自负的医疗费用、B等病房分类自负的床位费，以及使用本市基本医疗保险药品目录中乙类药品分类自负的药品费用。 （三）年累计自负医疗费，不包括以下各项费用： 1. 按照本市医疗保险其他减负规定减负的医疗费。 2. 按照本市公务员医疗补助规定补助的医疗费。 3. 按照市总工会医疗互助保障计划规定报销的医疗费。	2016.9.22 ～ 2021.9.21

第十三章　生育保险

生育保险待遇

项目 / 待遇标准 / 对象		生育生活津贴						生育医疗费补贴		
		女职工生育的				怀孕未满4个月流产，产假15天	怀孕满4个月流产，产假42天	生　育	妊娠4个月以上（含4个月）自然流产	妊娠不满4个月自然流产
		顺产：98天产假	难产：113天产假	生育假：30天	多胞胎：每多生一个婴儿，增加15天产假					
从业妇女	用人单位上年度职工月平均工资高于本市生育生活津贴最低标准	女职工所在用人单位上年度职工月平均工资除以30天，再乘以应享受的产假天数计发						3 600元	600元	400元

注：（1）沪人社福发[2009]20号：确定月生育生活津贴最低标准为2 892元。2009年起生产或流产的生育妇女的月生育生活津贴标准低于2 892元的，按2 892元计发。

（2）沪府发[2011]35号：①从业妇女的月生育生活津贴标准，为本人生产或者流产当月所在用人单位上年度职工月平均工资。从业妇女生产或者流产时所在用人单位的上年度职工月平均工资高于本市上年度全市职工月平均工资300%的，按300%计发；低于本市上年度全市职工月平均工资60%的，按60%计发。②从业妇女生产或者流产时所在用人单位的上年度职工月平均工资高于本市上年度全市职工月平均工资300%以上的，高出部分由用人单位补差。

（3）上海市人民政府《关于贯彻实施〈女职工劳动保护特别规定〉调整本市女职工生育保险待遇有关规定的通知》沪府发[2013]5号：本市女职工享受的生育生活津贴低于本人产假前工资标准的，按照《中华人民共和国妇女权益保障法》第二十七条第一款和《女职工劳动保护特别规定》第五条执行。（按沪府发[2017]91号：沪府发[2013]5号的有效期延长至2022年12月31日）

（4）沪人社福发[2016]22号：①女职工生育、流产当月用人单位为其累计缴纳生育保险费满12个月或者连续缴纳生育保险费满9个月的，其生育生活津贴由生育保险基金全额支付。②女职工生育、流产当月用人单位为其累计缴纳生育保险费不满12个月且连续缴纳生育保险费不满9个月的，其生育生活津贴由生育保险基金按已缴费月数÷12后所得的比例支付，剩余部分由女职工生育、流产当月所在用人单位先行支付；用人单位为该职工累计缴费满12个月或者连续缴费满9个月后，可向社保经办机构申请拨付已先行支付的费用。

第十四章　工伤保险

一、工伤保险缴费比例和缴费基数

文　号	标　题	内　容　摘　要	执行时间
中华人民共和国国务院令第586号	工伤保险条例(2010修订)	◎ 中华人民共和国境内的企业、事业单位、社会团体、民办非企业单位、基金会、律师事务所、会计师事务所等组织和有雇工的个体工商户应当依照本条例规定参加工伤保险，为本单位全部职工或者雇工缴纳工伤保险费。 　　中华人民共和国境内的企业、事业单位、社会团体、民办非企业单位、基金会、律师事务所、会计师事务所等组织的职工和个体工商户的雇工，均有依照本条例的规定享受工伤保险待遇的权利。	2011.1.1
上海市人民政府令第93号	上海市工伤保险实施办法(2012)	◎ 用人单位缴纳工伤保险费的基数，按照本单位缴纳城镇基本养老保险费的基数确定。 ◎ 对发生工伤事故的用人单位，在基础费率的基础上，按照规定实行浮动费率。 ◎ 工伤保险费率浮动的具体办法，由市人力资源和社会保障局会同市财政、卫生、安全生产监督管理等部门拟订，报市人民政府批准后执行。 ◎ 从业人员个人不缴纳工伤保险费。	2013.1.1
上海市人力资源和社会保障局、上海市财政局沪人社福发[2016]3号	关于调整本市工伤保险费率等问题的通知	◎ 自2015年10月1日起，本市工伤保险实行行业基准费率，并根据用人单位工伤保险支缴率和工伤事故发生率等因素实行浮动费率。 ◎ 用人单位的行业工伤风险类别按照国家规定划分为一类至八类(见附件)。社会保险经办机构根据用人单位登记注册和主要经营生产业务等情况确定其行业工伤风险类别。劳务派遣单位统一按二类行业工伤风险类别确定。	2016.1.21 ～ 2025.12.31

（续表）

文　号	标　题	内　容　摘　要	执行时间
上海市人力资源和社会保障局、上海市财政局沪人社福发[2016]3号	关于调整本市工伤保险费率等问题的通知	◎本市一类至八类行业用人单位基准费率按照全国工伤保险行业基准费率规定执行，即分别为该行业用人单位工伤保险缴费基数的0.2%、0.4%、0.7%、0.9%、1.1%、1.3%、1.6%、1.9%，并按照“以支定收、收支平衡”的原则适时调整。 为进一步减轻用人单位工伤保险缴费负担，自2015年10月1日起，本市二类至八类行业用人单位的工伤保险费率先行下浮一档按本行业基准费率的80%执行，即一类至八类行业分别按该行业用人单位工伤保险缴费基数的0.2%、0.32%、0.56%、0.72%、0.88%、1.04%、1.28%、1.52%缴费。 ◎用人单位登记注册内容及主要经营生产业务发生变化需调整行业类别的，应持营业执照及有关证明材料，及时到社会保险经办机构办理变更行业类别手续，并从变更后的次月起调整工伤保险费率。 ◎自2015年10月1日起至2016年3月31日期间，用人单位先按2015年已核定的费率缴纳工伤保险费，2016年4月1日后由社会保险经办机构按本通知第三条规定进行调整结算。	2016.1.21～2025.12.31

附件：工伤保险行业基准费率表

行业类别	行　业　名　称	基准费率
一	软件和信息技术服务业，货币金融服务，资本市场服务，保险业，其他金融业，科技推广和应用服务业，社会工作，广播、电视、电影和影视录音制作业，中国共产党机关，国家机构，人民政协、民主党派，社会保障，群众团体、社会团体和其他成员组织，基层群众自治组织，国际组织	0.2%

（续表）

行业类别	行　业　名　称	基准费率
二	批发业，零售业，仓储业，邮政业，住宿业，餐饮业，电信、广播电视和卫星传输服务，互联网和相关服务，房地产业，租赁业，商务服务业，研究和试验发展，专业技术服务业，居民服务业，其他服务业，教育，卫生，新闻和出版业，文化艺术业	0.4%
三	农副食品加工业，食品制造业，酒、饮料和精制茶制造业，烟草制品业，纺织业，木材加工和木、竹、藤、棕、草制品业，文教、工美、体育和娱乐用品制造业，计算机、通信和其他电子设备制造业，仪器仪表制造业，其他制造业，水的生产和供应业，机动车、电子产品和日用产品修理业，水利管理业，生态保护和环境治理业，公共设施管理业，娱乐业	0.7%
四	农业，畜牧业，农、林、牧、渔服务业，纺织服装、服饰业，皮革、毛皮、羽毛及其制品和制鞋业，印刷和记录媒介复制业，医药制造业，化学纤维制造业，橡胶和塑料制品业，金属制品业，通用设备制造业，专用设备制造业，汽车制造业，铁路、船舶、航空航天和其他运输设备制造业，电气机械和器材制造业，废弃资源综合利用业，金属制品、机械和设备修理业，电力、热力生产和供应业，燃气生产和供应业，铁路运输业，航空运输业，管道运输业，体育	0.9%
五	林业，开采辅助活动，家具制造业，造纸和纸制品业，建筑安装业，建筑装饰和其他建筑业，道路运输业，水上运输业，装卸搬运和运输代理业	1.1%
六	渔业，化学原料和化学制品制造业，非金属矿物制品业，黑色金属冶炼和压延加工业，有色金属冶炼和压延加工业，房屋建筑业，土木工程建筑业	1.3%
七	石油和天然气开采业，其他采矿业，石油加工、炼焦和核燃料加工业	1.6%
八	煤炭开采和洗选业，黑色金属矿采选业，有色金属矿采选业，非金属矿采选业	1.9%

二、工伤保险浮动费率计算方法

文　号	标　题	内　容　摘　要	执行时间
上海市人力资源和社会保障局、上海市财政局 沪人社福发[2016]4 号	关于印发《上海市工伤保险浮动费率管理办法》的通知	◎ 本办法所称的浮动费率，是指社会保险经办机构在用人单位按行业基准费率缴纳工伤保险费的基础上，根据用人单位上年度的工伤保险支缴率和工伤事故发生率等因素，核定其在本年度应当浮动的工伤保险缴费比例。 工伤保险支缴率，是指一个自然年度内，工伤保险基金支付的工伤保险待遇费用占该单位按行业基准费率缴纳工伤保险费的比例。 ◎ 用人单位属于一类行业的，费率分为三个档次，即在行业基准费率 0.2%的基础上可向上浮动至 120%、150%，不实行费率下浮；用人单位属于二类至八类行业的，费率各分为五个档次，即在行业基准费率 0.4%、0.7%、0.9%、1.1%、1.3%、1.6%、1.9%的基础上，可分别向上浮动至 120%、150%或向下浮动至 80%、50%。 ◎ 用人单位费率浮动档次按照下列考核指标确定： （一）工伤保险支缴率≤200%，费率在本行业基准费率基础上下浮一档； （二）200%＜工伤保险支缴率≤400%，费率按本行业基准费率执行； （三）400%＜工伤保险支缴率≤600%，费率在本行业基准费率基础上上浮一档； （四）工伤保险支缴率＞600%，费率在本行业基准费率基础上上浮两档； （五）本办法实施后连续五年内工伤保险支缴率为零的，费率在本行业基准费率基础上下浮两档。 ◎ 达到市级以上安全生产标准化企业或被评为市级以上劳动关系和谐示范单位称号的企业，在其达标或获得称号后的三年内工伤保险支缴率首次大于 200%时，给予下浮一档考核。 ◎ 用人单位符合本办法第五条第（五）项规定，但考核年度内有下列情形之一的，下一年度工伤保险费率不得下浮：	2016.1.21 ～ 2025.12.31

（续表）

文　号	标　题	内　容　摘　要	执行时间
上海市人力资源和社会保障局、上海市财政局沪人社福发[2016]4号	关于印发《上海市工伤保险浮动费率管理办法》的通知	（一）用人单位欠缴工伤保险费的； （二）用人单位骗取工伤保险待遇的； （三）用人单位少报、漏报、瞒报缴费工资总额或者从业人员人数的。 ◎不计入用人单位工伤保险支缴率的考核范围： （一）从业人员在抢险救灾等维护国家利益、公共利益活动中受到伤害发生的费用； （二）从业人员原在军队服役，因战、因公负伤致残，已取得革命伤残军人证，到用人单位后旧伤复发发生的费用； （三）从业人员在上下班途中，受到非本人主要责任的交通事故或者城市轨道交通、客运轮渡、火车事故伤害发生的费用； （四）从业人员在工作时间和工作场所内，因履行工作职责受到暴力等意外伤害发生的费用； （五）非正规就业劳动组织或者10人以下用人单位的从业人员，因工作遭受事故伤害或者患职业病发生的费用； （六）高等院校、科研院所等事业单位的科研人员根据《关于完善本市科研人员双向流动的实施意见》（沪人社专发〔2015〕40号）规定在创业孵化期内，因工作遭受事故伤害或者患职业病发生的费用； （七）按建设项目参加工伤保险的建设施工企业从业人员，因工作遭受事故伤害或者患职业病发生的费用； （八）工伤人员在工伤康复定点机构进行住院工伤康复的费用； （九）由于第三人的原因造成工伤的，工伤保险基金先行支付的费用。 ◎劳务派遣从业人员在劳务派遣期间因工作遭受事故伤害或者患职业病的，由实际用工单位承担浮动费率责任。 ◎浮动费率由社会保险经办机构根据本办法的规定每年核定一次，并在核定用人单位缴费基数时同步调整。	2016.1.21～2025.12.31

三、工伤认定

文　号	标　题	内　容　摘　要	执行时间
上海市人民政府令第93号	上海市工伤保险实施办法(2012)	◎ 从业人员有下列情形之一的，应当认定为工伤： （一）在工作时间和工作场所内，因工作原因受到事故伤害的； （二）工作时间前后在工作场所内，从事与工作有关的预备性或者收尾性工作受到事故伤害的； （三）在工作时间和工作场所内，因履行工作职责受到暴力等意外伤害的； （四）患职业病的； （五）因工外出期间，由于工作原因受到伤害或者发生事故下落不明的； （六）在上下班途中，受到非本人主要责任的交通事故或者城市轨道交通、客运轮渡、火车事故伤害的； （七）法律、行政法规规定应当认定为工伤的其他情形。 ◎ 从业人员有下列情形之一的，视同工伤： （一）在工作时间和工作岗位，突发疾病死亡或者在48小时之内经抢救无效死亡的； （二）在抢险救灾等维护国家利益、公共利益活动中受到伤害的； （三）从业人员原在军队服役，因战、因公负伤致残，已取得革命伤残军人证，到用人单位后旧伤复发的。 ◎ 有下列情形之一的，不得认定为工伤或者视同工伤： （一）故意犯罪的； （二）醉酒或者吸毒的； （三）自残或者自杀的。	2013.1.1
最高人民法院法释［2014］9号	最高人民法院关于审理工伤保险行政案件若干问题的规定	◎ 社会保险行政部门认定下列单位为承担工伤保险责任单位的，人民法院应予支持： （一）职工与两个或两个以上单位建立劳动关系，工伤事故发生时，职工为之工作的单位为承担工伤保险责任的单位； （二）劳务派遣单位派遣的职工在用工单位工作期间因工伤亡的，派遣单位为承担工伤保险责任的单位；	2014.9.1

（续表）

文　号	标　题	内　容　摘　要	执行时间
最高人民法院法释［2014］9号	最高人民法院关于审理工伤保险行政案件若干问题的规定	（三）单位指派到其他单位工作的职工因工伤亡的，指派单位为承担工伤保险责任的单位； （四）用工单位违反法律、法规规定将承包业务转包给不具备用工主体资格的组织或者自然人，该组织或者自然人聘用的职工从事承包业务时因工伤亡的，用工单位为承担工伤保险责任的单位； （五）个人挂靠其他单位对外经营，其聘用的人员因工伤亡的，被挂靠单位为承担工伤保险责任的单位。 前款第（四）、（五）项明确的承担工伤保险责任的单位承担赔偿责任或者社会保险经办机构从工伤保险基金支付工伤保险待遇后，有权向相关组织、单位和个人追偿。 ◎社会保险行政部门认定下列情形为工伤的，人民法院应予支持： （一）职工在工作时间和工作场所内受到伤害，用人单位或者社会保险行政部门没有证据证明是非工作原因导致的； （二）职工参加用人单位组织或者受用人单位指派参加其他单位组织的活动受到伤害的； （三）在工作时间内，职工来往于多个与其工作职责相关的工作场所之间的合理区域因工受到伤害的； （四）其他与履行工作职责相关，在工作时间及合理区域内受到伤害的。 ◎社会保险行政部门认定下列情形为"因工外出期间"的，人民法院应予支持： （一）职工受用人单位指派或者因工作需要在工作场所以外从事与工作职责有关的活动期间； （二）职工受用人单位指派外出学习或者开会期间；	2014.9.1

（续表）

文　号	标　题	内　容　摘　要	执行时间
最高人民法院法释［2014］9号	最高人民法院关于审理工伤保险行政案件若干问题的规定	（三）职工因工作需要的其他外出活动期间。 职工因工外出期间从事与工作或者受用人单位指派外出学习、开会无关的个人活动受到伤害，社会保险行政部门不认定为工伤的，人民法院应予支持。 ◎ 对社会保险行政部门认定下列情形为“上下班途中”的，人民法院应予支持： （一）在合理时间内往返于工作地与住所地、经常居住地、单位宿舍的合理路线的上下班途中； （二）在合理时间内往返于工作地与配偶、父母、子女居住地的合理路线的上下班途中； （三）从事属于日常工作生活所需要的活动，且在合理时间和合理路线的上下班途中； （四）在合理时间内其他合理路线的上下班途中。	2014.9.1
人力资源社会保障部人社部发［2016］29号	关于执行《工伤保险条例》若干问题的意见（二）	◎ 职工在参加用人单位组织或者受用人单位指派参加其他单位组织的活动中受到事故伤害的，应当视为工作原因，但参加与工作无关的活动除外。 ◎ 职工因工作原因驻外，有固定的住所、有明确的作息时间，工伤认定时按照在驻在地当地正常工作的情形处理。 ◎ 职工以上下班为目的、在合理时间内往返于工作单位和居住地之间的合理路线，视为上下班途中。 ◎ 用人单位注册地与生产经营地不在同一统筹地区的，原则上应在注册地为职工参加工伤保险；未在注册地参加工伤保险的职工，可由用人单位在生产经营地为其参加工伤保险。 劳务派遣单位跨地区派遣劳动者，应根据《劳务派遣暂行规定》参加工伤保险。建筑施工企业按项目参保的，应在施工项目所在	2016.3.28

（续表）

文号	标题	内容摘要	执行时间
人力资源社会保障部人社部发[2016]29号	关于执行《工伤保险条例》若干问题的意见(二)	地参加工伤保险。 职工受到事故伤害或者患职业病后，在参保地进行工伤认定、劳动能力鉴定，并按照参保地的规定依法享受工伤保险待遇；未参加工伤保险的职工，应当在生产经营地进行工伤认定、劳动能力鉴定，并按照生产经营地的规定依法由用人单位支付工伤保险待遇。 ◎《工伤保险条例》第六十七条规定的“尚未完成工伤认定的”，是指在《工伤保险条例》施行前遭受事故伤害或被诊断鉴定为职业病，且在工伤认定申请法定时限内(从《工伤保险条例》施行之日起算)提出工伤认定申请，尚未做出工伤认定的情形。	2016.3.28

四、工伤认定申请

文号	标题	内容摘要	执行时间
上海市人民政府令第93号	上海市工伤保险实施办法(2012)	◎工伤认定申请期限 (1)从业人员发生事故伤害或者按照职业病防治法规定被诊断、鉴定为职业病，所在单位应当自事故伤害发生之日或者被诊断、鉴定为职业病之日起30日内，向用人单位所在地的区、县人力资源和社会保障局提出工伤认定申请。遇有特殊情况，经报区、县人力资源和社会保障局同意，申请时限可以适当延长。 (2)用人单位未按照前款规定提出工伤认定申请的，从业人员或者其近亲属、工会组织在事故伤害发生之日或者被诊断、鉴定为职业病之日起1年内，可以直接向用人单位所在地的区、县人力资源和社会保障局提出工伤认定申请。	2013.1.1

（续表）

文号	标题	内容摘要	执行时间
上海市人民政府令第93号	上海市工伤保险实施办法(2012)	(3) 用人单位未在规定的时限内提出工伤认定申请的，在此期间发生符合本办法规定的工伤待遇等有关费用，由该用人单位负担。 ◎ 工伤认定申请材料： 提出工伤认定申请，应当提交下列材料： (1) 工伤认定申请表； (2) 与用人单位存在劳动关系(包括事实劳动关系)的证明材料； (3) 医疗诊断证明或者职业病诊断证明书(或者职业病诊断鉴定书)。 工伤认定申请表应当包括事故发生的时间、地点、原因以及从业人员伤害程度等基本情况。 工伤认定申请人在本办法规定时限内提出工伤认定申请时所提供材料不完整的，区、县人力资源和社会保障局应当自收到工伤认定申请之日起10个工作日内，一次性书面告知工伤认定申请人需要补正的全部材料。工伤认定申请人应当在30日内，按照要求补正材料，逾期不补正但未超过法定申请期限的，可以重新提出工伤认定申请。 ◎ 从业人员或者其近亲属认为是工伤，用人单位不认为是工伤的，由用人单位承担举证责任。	2013.1.1
人力资源和社会保障部人社部发[2013]34号	人力资源和社会保障部关于执行《工伤保险条例》若干问题的意见	◎ 社会保险行政部门受理工伤认定申请后，发现劳动关系存在争议且无法确认的，应告知当事人可以向劳动人事争议仲裁委员会申请仲裁。在此期间，作出工伤认定决定的时限中止，并书面通知申请工伤认定的当事人。劳动关系依法确认后，当事人应将有关法律文书送交受理工伤认定申请的社会保险行政部门，该部门自收到生效法律文书之日起恢复工伤认定程序。 ◎ 曾经从事接触职业病危害作业、当时没有	2013.4.25

（续表）

文　号	标　题	内　容　摘　要	执行时间
人力资源和社会保障部人社部发[2013]34号	人力资源和社会保障部关于执行《工伤保险条例》若干问题的意见	发现罹患职业病、离开工作岗位后被诊断或鉴定为职业病的符合下列条件的人员，可以自诊断、鉴定为职业病之日起一年内申请工伤认定，社会保险行政部门应当受理： （1）办理退休手续后，未再从事接触职业病危害作业的退休人员； （2）劳动或聘用合同期满后或者本人提出而解除劳动或聘用合同后，未再从事接触职业病危害作业的人员。	2013.4.25
最高人民法院法释[2014]9号	最高人民法院关于审理工伤保险行政案件若干问题的规定	◎由于不属于职工或者其近亲属自身原因超过工伤认定申请期限的，被耽误的时间不计算在工伤认定申请期限内。 ◎有下列情形之一耽误申请时间的，应当认定为不属于职工或者其近亲属自身原因： （一）不可抗力； （二）人身自由受到限制； （三）属于用人单位原因； （四）社会保险行政部门登记制度不完善； （五）当事人对是否存在劳动关系申请仲裁、提起民事诉讼。	2014.9.1
人力资源社会保障部人社部发[2016]29号	关于执行《工伤保险条例》若干问题的意见(二)	◎有下列情形之一的，被延误的时间不计算在工伤认定申请时限内。 （一）受不可抗力影响的； （二）职工由于被国家机关依法采取强制措施等人身自由受到限制不能申请工伤认定的； （三）申请人正式提交了工伤认定申请，但因社会保险机构未登记或者材料遗失等原因造成申请超时限的； （四）当事人就确认劳动关系申请劳动仲裁或提起民事诉讼的； （五）其他符合法律法规规定的情形。	2016.3.28

五、工伤劳动能力鉴定

文　号	标　题	内 容 摘 要	执行时间
中华人民共和国国务院令第375号	工伤保险条例	◎ 职工发生工伤，经治疗伤情相对稳定后存在残疾、影响劳动能力的，应当进行劳动能力鉴定。 ◎ 劳动能力鉴定是指劳动功能障碍程度和生活自理障碍程度的等级鉴定。 劳动功能障碍分为十个伤残等级，最重的为一级，最轻的为十级。 生活自理障碍分为三个等级：生活完全不能自理、生活大部分不能自理和生活部分不能自理。 ◎ 劳动能力鉴定由用人单位、工伤职工或者其近亲属向设区的市级劳动能力鉴定委员会提出申请，并提供工伤认定决定和职工工伤医疗的有关资料。	2004.1.1 2010.12.20修正
上海市人民政府令第93号	上海市工伤保险实施办法(2012)	◎ 工伤人员的劳动能力鉴定，可以由用人单位、工伤人员或者其近亲属向区、县鉴定委员会提出申请。职业病人员的劳动能力鉴定，向市鉴定委员会提出申请。提出劳动能力鉴定申请的，应当提交下列材料： (1) 填写完整的劳动能力鉴定申请表； (2) 工伤认定决定； (3) 定点医疗机构诊治工伤的有关资料。 ◎ 鉴定委员会根据专家组的鉴定意见，在收到劳动能力鉴定申请之日起60日内作出工伤人员劳动能力鉴定结论。必要时，作出劳动能力鉴定结论的时限可以延长30日。鉴定委员会应当自作出劳动能力鉴定结论之日起15日内，向申请劳动能力鉴定的用人单位、工伤人员或者其近亲属送达劳动能力鉴定结论，并书面告知办理享受工伤保险待遇的手续，提供工伤保险待遇申请表。 ◎ 申请劳动能力鉴定的用人单位、工伤人员或者其近亲属对劳动能力鉴定结论不服的，可以在收到该鉴定结论之日起15日内向市鉴定委员会提出再次鉴定申请。市鉴定委员会作出的再次鉴定结论为最终结论。	2013.1.1

（续表）

文　号	标　题	内　容　摘　要	执行时间
上海市人民政府令第93号	上海市工伤保险实施办法（2012）	◎ 自劳动能力鉴定结论作出之日起1年后，工伤人员或者其近亲属、用人单位或者社保经办机构认为伤残情况发生变化的，可以提出劳动能力复查鉴定申请。	2013.1.1

注：(1)初次鉴定、再次鉴定结论或者复查鉴定结论有变化的，鉴定费用由工伤保险基金承担；(2)伤残等级：一至四级为完全丧失劳动能力；五至六级为大部分丧失劳动能力；七至十级为部分丧失劳动能力。

六、工伤致残待遇

文　号	标　题	内　容　摘　要	执行时间
人力资源社会保障部人社部发[2016]29号	关于执行《工伤保险条例》若干问题的意见（二）	◎ 一级至四级工伤职工死亡，其近亲属同时符合领取工伤保险丧葬补助金、供养亲属抚恤金待遇和职工基本养老保险丧葬补助金、抚恤金待遇条件的，由其近亲属选择领取工伤保险或职工基本养老保险其中一种。 ◎ 达到或超过法定退休年龄，但未办理退休手续或者未依法享受城镇职工基本养老保险待遇，继续在原用人单位工作期间受到事故伤害或患职业病的，用人单位依法承担工伤保险责任。 　　用人单位招用已经达到、超过法定退休年龄或已经领取城镇职工基本养老保险待遇的人员，在用工期间因工作原因受到事故伤害或患职业病的，如招用单位已按项目参保等方式为其缴纳工伤保险费的，应适用《工伤保险条例》。 ◎《工伤保险条例》第六十二条规定的“新发生的费用”，是指用人单位参加工伤保险前发生工伤的职工，在参加工伤保险后新发生的费用。其中由工伤保险基金支付的费用，按不同情况予以处理： 　　（一）因工受伤的，支付参保后新发生的工伤医疗费、工伤康复费、住院伙食补助费、统筹地区以外就医交通食宿费、辅助器具配置费、生活护理费、一级至四级伤残职工伤残津贴，以及参保后解除劳动合同时的一次性工伤医疗补助金； 　　（二）因工死亡的，支付参保后新发生的符合条件的供养亲属抚恤金。	2016.3.28

附一：工伤致残待遇——由用人单位支付的费用

<table>
<tr><td rowspan="2">待遇项目
伤残情况</td><td colspan="2">停工留薪期内</td><td>伤残津贴（按月）</td><td>一次性伤残就业补助金</td><td rowspan="2">按月缴纳社会保险费</td></tr>
<tr><td>工　资</td><td>护理费</td><td>按负伤前12个月平均月缴费工资为计发基数</td><td>按上年度全市职工月平均工资为计发基数</td></tr>
<tr><td>一级伤残</td><td rowspan="10">本人工资福利待遇不变（负伤前12个月的平均工资）</td><td rowspan="10">生活不能自理的工伤职工在停工留薪期需要护理的，由所在单位负责</td><td rowspan="4">—</td><td rowspan="4">—</td><td rowspan="4">由用人单位和职工个人以伤残津贴为基数，缴纳基本医疗保险费</td></tr>
<tr><td>二级伤残</td></tr>
<tr><td>三级伤残</td></tr>
<tr><td>四级伤残</td></tr>
<tr><td>五级伤残</td><td>70%</td><td>18个月</td><td rowspan="6">继续按照规定缴纳各项社会保险费</td></tr>
<tr><td>六级伤残</td><td>60%</td><td>15个月</td></tr>
<tr><td>七级伤残</td><td rowspan="4">—</td><td>12个月</td></tr>
<tr><td>八级伤残</td><td>9个月</td></tr>
<tr><td>九级伤残</td><td>6个月</td></tr>
<tr><td>十级伤残</td><td>3个月</td></tr>
<tr><td rowspan="4">规定文件</td><td colspan="3">中华人民共和国国务院令第586号国务院关于修改《工伤保险条例》的决定</td><td rowspan="4">执行时间</td><td>2011.1.1</td></tr>
<tr><td colspan="3">中华人民共和国主席令第35号
中华人民共和国社会保险法</td><td>2011.7.1</td></tr>
<tr><td colspan="3">上海市人民政府关于贯彻实施《社会保险法》调整本市现行有关工伤保险政策的通知(沪府发[2011]34号)</td><td>2011.7.1</td></tr>
<tr><td colspan="3">上海市人民政府令第93号《上海市工伤保险实施办法》</td><td>2013.1.1</td></tr>
</table>

注：(1) 停工留薪期一般不超过12个月。伤情严重或者情况特殊，经设区的市级劳动能力鉴定委员会确认，可以适当延长，但延长不得超过12个月。

(2) 停工留薪期的工资福利待遇及伤残津贴实际金额不得低于本市职工月工资最低标准。

(3) 伤残级别为五至十级的，经工伤人员本人提出与用人单位解除劳动关系，且解除劳动关系时距法定退休年龄不足5年的，不足年限每减少一年，全额一次性工伤医疗补助金和一次性伤残就业补助金递减20%，但属于《劳动合同法》第38条规定的情形除外。

附二：工伤致残待遇——由工伤保险基金支付的费用

待遇项目 / 伤残情况	停工留薪期内		工伤医疗费用	伤残津贴（按月）	一次性伤残补助金	一次性工伤医疗补助金	生活护理费（按月）	辅助器具
	住院伙食费	外省市就医交通、食宿费		按负伤前 12 个月平均月缴费工资为计发基数		按上年度全市职工月平均工资为计发基数		
一级伤残	20 元/天	经本市医疗保险定点医疗机构出具证明，报工伤保险经办机构同意，工伤人员到外省市就医的，由工伤保险基金发给每人每天 150 元的食宿费，交通费按工伤保险经办机构核准的交通工具乘坐费用实报实销。	符合国家和本市的工伤保险诊疗项目目录、工伤保险药品目录、工伤保险住院服务标准的医疗费用，除按本市规定由医疗保险基金承担的部分外，其余由工伤保险基金承担。	90%	27 个月		生活完全不能自理 50%	经劳动能力鉴定委员会确认，可以安装假肢、矫形器、假眼、假牙和配置轮椅等辅助器具，所需费用按照国家规定的标准从工伤保险基金支付。
二级伤残				85%	25 个月			
三级伤残				80%	23 个月		生活大部分不能自理 40%	
四级伤残				75%	21 个月			
五级伤残					18 个月	18 个月	生活部分不能自理 30%	
六级伤残					16 个月	15 个月		
七级伤残					13 个月	12 个月		
八级伤残					11 个月	9 个月		
九级伤残					9 个月	6 个月		
十级伤残					7 个月	3 个月		

（续表）

待遇项目 / 伤残情况	停工留薪期内		工伤医疗费用	伤残津贴（按月）	一次性伤残补助金	一次性工伤医疗补助金	生活护理费（按月）	辅助器具
	住院伙食费	外省市就医交通、食宿费		按负伤前12个月平均月缴费工资为计发基数		按上年度全市职工月平均工资为计发基数		
规定文件	中华人民共和国国务院令第586号 国务院关于修改《工伤保险条例》的决定				执行时间		2011.1.1	
	中华人民共和国主席令第35号 中华人民共和国社会保险法						2011.7.1	
	上海市人民政府关于贯彻实施《社会保险法》调整本市现行有关工伤保险政策的通知（沪府发[2011]34号）						2011.7.1	
	上海市人民政府令第93号《上海市工伤保险实施办法》						2013.1.1	

注：(1)《上海市工伤保险实施办法》——按照本办法规定计发的一级至十级工伤人员一次性伤残补助金，低于3 896元乘以与伤残等级相应的月份数之积的，差额部分由工伤保险基金予以补足。

(2)《上海市工伤保险实施办法》——按照本办法规定计发的一级至四级工伤人员当年度伤残津贴和因工死亡人员供养亲属抚恤金，低于上海市人力资源和社会保障局公布的上述两项工伤保险待遇最低标准的，按最低标准计发。

七、伤残津贴和生活护理费——由工伤保险基金支付的费用

文　号	标　题	内 容 摘 要	执行时间
上海市人力资源和社会保障局沪人社规［2020］11号	关于调整本市工伤人员伤残津贴和生活护理费标准的通知	◎ 2019年12月31日前发生工伤且致残一级至四级工伤人员的伤残津贴在2019年享受的标准基础上调整，致残一级增加485元/月；致残二级增加440元/月；致残三级增加419元/月；致残四级增加386元/月。 调整后的伤残津贴最低标准为：致残一级7 871元/月、致残二级7 351元/月、致残三级6 903元/月、致残四级6 468元/月。 2020年1月1日至12月31日期间发生工伤且致残一级至四级的工伤人员，其按《上海市工伤保险实施办法》规定计发的伤残津贴低于本通知第一条第二款规定的最低标准的，按最低标准计发。 2019年12月31日前，已按规定办理按月领取养老金手续的致残一级至四级的工伤人员，按照本通知第一条规定增加的伤残津贴低于其2020年养老金增加额的，按养老金增加额计发。 ◎ 2019年12月31日前发生工伤且经确认生活不能自理工伤人员的生活护理费在2019年享受的标准基础上调整：生活完全不能自理增加407元/月；生活大部分不能自理增加326元/月；生活部分不能自理增加244元/月。 调整后的生活护理费标准为：生活完全不能自理4 790元/月，生活大部分不能自理3 832元/月，生活部分不能自理2 874元/月。 由工伤保险基金按照《实施办法》规定支付伤残津贴和生活护理费的工伤人员，其按本通知规定调整后增加的费用由工伤保险基金支付。目前仍由用人单位按照《实施办法》规定支付伤残津贴和生活护理费的工伤人员，其按本通知规定调整后增加的费用由用人单位支付。	2020.7.1 ～ 2022.6.30

八、因工死亡待遇——由工伤保险基金支付的费用

文　号	标　题	内　容　摘　要	执行时间
上海市人民政府令第 93 号	上海市工伤保险实施办法(2012)	◎ 丧葬补助金： 从业人员因工死亡时 6 个月的上年度全市月平均工资。 ◎ 供养亲属抚恤金： 按从业人员本人因工死亡前 12 个月的平均月缴费工资为计发基数，其中： 配偶每月 40%； 其他亲属每人每月 30%； 孤寡老人或者孤儿每人每月在上述标准上增加 10%。核定的各供养亲属的抚恤金之和不应高于因工死亡人员生前本人工资。 ◎ 一次性工亡补助金： 为从业人员因工死亡时上一年度全国城镇居民人均可支配收入的 20 倍。2019 年度全国城镇居民人均可支配收入为 42 359 元。	2013.1.1

注：(1) 工伤人员在停工留薪期内因工伤导致死亡的，其近亲属享受丧葬补助金、供养亲属抚恤金和一次性工亡补助金。
(2) 致残一级至四级的工伤人员在停工留薪期满后死亡的，其近亲属可以享受丧葬补助金和供养亲属抚恤金，不享受一次性工亡补助金。

九、因工死亡人员供养亲属抚恤金标准

文　号	标　题	内　容　摘　要	执行时间
上海市人力资源和社会保障局沪人社规［2020］12 号	关于调整本市因工死亡人员供养亲属抚恤金标准的通知	◎ 2019 年 12 月 31 日前因工死亡人员供养亲属的抚恤金在 2019 年享受的标准基础上，每人每月增加 102 元。 调整后的因工死亡人员供养亲属抚恤金最低标准为每人每月 1 652 元，其中孤寡老人或者孤儿的最低标准为每人每月 1 738 元。 ◎ 2020 年 1 月 1 日至 2020 年 12 月 31 日期间因工死亡人员的供养亲属，其按	2020.7.1

（续表）

文　号	标　题	内　容　摘　要	执行时间
上海市人力资源和社会保障局沪人社规〔2020〕12号	关于调整本市因工死亡人员供养亲属抚恤金标准的通知	《上海市工伤保险实施办法》规定计发的抚恤金低于本通知第一条第二款规定的最低标准的，按最低标准计发。 ◎由工伤保险基金按照《上海市工伤保险实施办法》规定支付抚恤金的供养亲属，其按本通知规定调整后增加的费用由工伤保险基金支付。目前仍由用人单位按照《上海市工伤保险实施办法》规定支付抚恤金的供养亲属，其按本通知规定调整后增加的费用由用人单位支付。	2020.7.1 ～ 2022.6.30

注：按沪人社福发[2014]7号文规定，每人每月增加70元。　2014.4.1
按沪人社福发[2015]19号文规定，每人每月增加90元。　2015.4.1
按沪人社福发[2016]14号文规定，每人每月增加100元。　2016.4.1
按沪人社规[2017]15号文规定，每人每月增加120元。　2017.4.1
按沪人社规[2018]10号文规定，每人每月增加94元。　2018.4.1
按沪人社规[2019]25号文规定，每人每月增加210元。　2019.7.1
按沪人社规[2020]12号文规定，每人每月增加102元。　2020.7.1

十、协保人员工伤待遇

文　号	标　题	内　容　摘　要	执行时间
上海市人民政府令第93号	上海市工伤保险实施办法(2012)	◎用人单位使用经就业登记的协保人员的，协保人员的工资收入不计入用人单位工伤保险缴费基数。 ◎协保人员发生工伤的，可以按照本办法规定享受工伤保险待遇，社保经办机构按照规定核定用人单位下一年度的浮动费率。	2013.1.1

十一、非正规就业劳动组织从业人员工伤待遇

文　号	标　题	内　容　摘　要	执行时间
上海市人民政府令第93号	上海市工伤保险实施办法(2012)	◎ 非正规就业劳动组织参照本办法规定的缴费基数和费率缴纳工伤保险费后，其按照规定在市或者区、县人力资源和社会保障局进行登记的从业人员发生工伤的，可以享受本办法规定由工伤保险基金支付的工伤保险待遇。	2013.1.1

十二、非城镇户籍外来从业人员工伤待遇

文　号	标　题	内　容　摘　要	执行时间
上海市人民政府令第93号	上海市工伤保险实施办法(2012)	◎ 因工致残一级至四级的非城镇户籍外来从业人员，可以按照本办法规定的待遇项目标准和支付方式，享受工伤保险待遇，也可以选择按一次性领取的方式享受。选择一次性领取工伤保险待遇的，由工伤人员在首次申领待遇时向社保经办机构提出，并以协议方式确认。一经确认，不再变更，其工伤保险关系终止，并与用人单位的劳动关系解除或者终止。 ◎ 因工致残一级至四级的非城镇户籍外来从业人员选择按一次性领取的方式享受工伤保险待遇的，其工伤复发医疗费以及经鉴定委员会鉴定可以享受的一次性伤残补助金、伤残津贴、生活护理费和经确认配置辅助器具费等，由工伤保险基金一次性支付，支付标准由市人力资源和社会保障局另行拟订，报市人民政府批准后执行。	2013.1.1

十三、非法用工单位伤亡人员一次性赔偿

文　号	标　题	内　容　摘　要	执行时间
中华人民共和国人力资源和社会保障部令第9号	非法用工单位伤亡人员一次性赔偿办法	◎ 非法用工单位伤亡人员，是指在无营业执照或者未经依法登记、备案的单位以及被依法吊销营业执照或者撤销登记、备案的单位受到事故伤害或者患职业病的职工，或者用人单位使用童工造成的伤残、死亡童工。 ◎ 职工或童工受到事故伤害或患职业病，在劳动能力鉴定之前进行治疗期间的生活费按照统筹地区上年度职工月平均工资标准确定，医疗费、护理费、住院期间的伙食补助费及所需的交通费等费用，按照《工伤保险条例》规定的标准和范围，全部由伤残职工或童工所在单位支付。 ◎ 一次性赔偿金按以下标准支付： 一级伤残的为赔偿基数的16倍，二级伤残的为赔偿基数的14倍，三级伤残的为赔偿基数的12倍，四级伤残的为赔偿基数的10倍，五级伤残的为赔偿基数的8倍，六级伤残的为赔偿基数的6倍，七级伤残的为赔偿基数的4倍，八级伤残的为赔偿基数的3倍，九级伤残的为赔偿基数的2倍，十级伤残的为赔偿基数的1倍。 ◎ 赔偿基数，是指单位所在工伤保险统筹地区上年度职工年平均工资。 ◎ 受到事故伤害或者患职业病造成死亡的，按照上一年度全国城镇居民人均可支配收入20倍支付一次性赔偿金，并按照上一年度全国城镇居民人均可支配收入的10倍一次性支付丧葬补助等其他赔偿金。	2011.1.1

第十五章　失业保险

一、失业保险缴费比例和缴费基数

文　号	标　题	内　容　摘　要	执行时间
上海市人民政府沪府发[1999]7号	上海市失业保险办法	◎ 应缴失业保险费基数按照养老保险费基数确定。 ◎ 单位招用的农民合同制工人本人,不缴纳失业保险费。	1999.4.1
上海市人民政府沪府发[2016]18号	市政府关于调整本市城镇职工社会保险缴费比例的通知	本市失业保险缴费比例,由原来的2%调整为1.5%。其中,单位缴费比例由原来的1.5%调整为1%,个人缴费比例不作调整。	2016.1.1
上海市人民政府沪府[2017]48号	市政府关于调整本市城镇职工社会保险缴费比例的通知	本市失业保险缴费比例,由原来的1.5%阶段性调整为1%。其中,单位缴费比例由原来的1%调整为0.5%,个人缴费比例不作调整。	2017.1.1

二、失业保险金的支付标准

文　号	标　题	第1～12个月支付标准(元/月)	第13～24个月支付标准(元/月)	延长领取支付标准(元/月)	执行时间
上海市人力资源和社会保障局沪人社规[2020]13号	关于调整本市失业保险金支付标准的通知	1 895	1 516	1 240	2020.7.1～2022.6.30

三、失业保险金的计算

文　号	标　题	内　容　摘　要	执行时间
上海市人民政府沪府发[1999]7号	上海市失业保险办法	◎ 失业保险金的期限计算 失业人员领取失业保险金的期限，根据其失业前累计缴纳失业保险费的年限（扣除已领取失业保险金的缴纳失业保险费年限）计算。累计缴费满1年不满2年的，领取期限为2个月；累计缴费年限每增加1年，期限增加2个月。 累计缴费年限　最长领取期限 满1年不满5年　12个月 满5年不满10年　18个月 10年以上　24个月 失业人员连续缴纳失业保险费不满1年，但累计缴纳失业保险费满1年不满2年的，可以视作缴纳失业保险费满1年。 ◎ 剩余期限的合并计算 失业人员未领取失业保险金的期限可以保留。重新就业且缴纳失业保险费满1年后又再次失业的，核定其期限时，应当将其剩余期限合并计算。合并计算后，失业人员连续领取失业保险金的期限最长不超过24个月。 ◎ 失业保险金标准的计算 失业人员第1个月至第12个月领取的失业保险金标准，根据其缴纳失业保险费的年限确定；第13个月至第24个月领取的失业保险金标准，为其第1个月至第12个月领取标准的80%。 ◎ 接近退休年龄失业人员的特殊规定 失业人员在领取失业保险金期满后，非因本人主观原因确实不能重新就业，且距法定退休年龄不足2年或者因特殊原因确需放宽的，可以申请继续领取失业保险金至其法定退休年龄。继续领取的失业保险金标准为其第13个月至第24个月领取标准的80%，但不得低于本市当年城镇居民最低生活保障标准。	1999.4.1

四、失业人员医疗保险

文　号	标　题	内　容　摘　要	执行时间
上海市人民政府沪府发［2016］42号	市政府关于贯彻实施《社会保险法》调整本市现行有关失业保险政策的通知	◎ 失业人员在领取失业保险金期间，参加本市职工基本医疗保险，享受基本医疗保险待遇。 ◎ 失业人员缴纳基本医疗保险费的基数为上一年度全市职工月平均工资的60%，缴费比例为12%，所需费用由失业保险基金支付，个人不缴纳基本医疗保险费。	2016.7.1 ～ 2021.6.30
上海市人民政府沪府［2017］48号	市政府关于调整本市城镇职工社会保险缴费比例的通知	◎ 由失业保险基金支付的失业人员领取失业保险金期间参加本市职工基本医疗保险的缴费比例，由原来的12%调整为11.5%。	2017.1.1

五、失业妇女生育生活津贴

文　号	标　题	内　容　摘　要	执行时间
上海市人民政府令第109号	上海市城镇生育保险办法	失业妇女的月生育生活津贴，按市人力资源和社会保障局规定的最低标准计发。	2001.11.1 2004.8.30 第一次修正 2009.3.30 第二次修正
上海市人力资源和社会保障局沪人社福发[2009]20号	关于调整生育妇女月生育生活津贴最低标准的通知	本市生育妇女的生育生活津贴最低标准不再与上年度全市职工月平均工资挂钩，现确定月生育生活津贴最低标准为2 892元。	2009.3.31

第十六章　机关事业单位工作人员养老保险

一、基本养老保险制度

文　号	标　题	内　容　摘　要	执行时间
国务院国发[2015]2号	国务院关于机关事业单位工作人员养老保险制度改革的决定	◎本决定适用于按照公务员法管理的单位、参照公务员法管理的机关(单位)、事业单位及其编制内的工作人员。 ◎基本养老保险费由单位和个人共同负担。单位缴纳基本养老保险费(以下简称单位缴费)的比例为本单位工资总额的20%,个人缴纳基本养老保险费(以下简称个人缴费)的比例为本人缴费工资的8%,由单位代扣。按本人缴费工资8%的数额建立基本养老保险个人账户,全部由个人缴费形成。个人工资超过当地上年度在岗职工平均工资300%以上的部分,不计入个人缴费工资基数;低于当地上年度在岗职工平均工资60%的,按当地在岗职工平均工资的60%计算个人缴费工资基数。 　　个人账户储存额只用于工作人员养老,不得提前支取,每年按照国家统一公布的记账利率计算利息,免征利息税。参保人员死亡的,个人账户余额可以依法继承。	2014.10.1

二、基本养老金计发办法

文　号	标　题	内　容　摘　要	执行时间
国务院国发[2015]2号	国务院关于机关事业单位工作人员养老保险制度改革的决定	◎本决定实施后参加工作、个人缴费年限累计满15年的人员,退休后按月发给基本养老金。基本养老金由基础养老金和个人账户养老金组成。退休时的基础养老金月标准以当地上年度在岗职工月平均工资和本人指数化月平均缴费工资的平均值为基数,缴费每满1年发给1%。个人账户养老	2014.10.1

（续表）

文　号	标　题	内　容　摘　要	执行时间
国务院国发[2015]2号	国务院关于机关事业单位工作人员养老保险制度改革的决定	金月标准为个人账户储存额除以计发月数，计发月数根据本人退休时城镇人口平均预期寿命、本人退休年龄、利息等因素确定。 ◎ 本决定实施前参加工作、实施后退休且缴费年限(含视同缴费年限，下同)累计满15年的人员，按照合理衔接、平稳过渡的原则，在发给基础养老金和个人账户养老金的基础上，再依据视同缴费年限长短发给过渡性养老金。具体办法由人力资源社会保障部会同有关部门制定并指导实施。 ◎ 本决定实施后达到退休年龄但个人缴费年限累计不满15年的人员，其基本养老保险关系处理和基本养老金计发比照《实施〈中华人民共和国社会保险法〉若干规定》(人力资源社会保障部令第13号)执行。 ◎ 本决定实施前已经退休的人员，继续按照国家规定的原待遇标准发放基本养老金，同时执行基本养老金调整办法。 ◎ 机关事业单位离休人员仍按照国家统一规定发给离休费，并调整相关待遇。	2014.10.1

三、职业年金

文　号	标　题	内　容　摘　要	执行时间
国务院办公厅国办发[2015]18号	国务院办公厅关于印发机关事业单位职业年金办法的通知	◎ 本办法所称职业年金，是指机关事业单位及其工作人员在参加机关事业单位基本养老保险的基础上，建立的补充养老保险制度。 ◎ 本办法适用的单位和工作人员范围与参加机关事业单位基本养老保险的范围一致。 ◎ 职业年金所需费用由单位和工作人员个人共同承担。单位缴纳职业年金费用的比例为本单位工资总额的8%，个人缴费比例	2014.10.1

（续表）

文　号	标　题	内　容　摘　要	执行时间
国务院办公厅国办发[2015]18号	国务院办公厅关于印发机关事业单位职业年金办法的通知	为本人缴费工资的4%，由单位代扣。单位和个人缴费基数与机关事业单位工作人员基本养老保险缴费基数一致。 根据经济社会发展状况，国家适时调整单位和个人职业年金缴费的比例。 ◎ 单位缴费按照个人缴费基数的8%计入本人职业年金个人账户；个人缴费直接计入本人职业年金个人账户。 职业年金基金投资运营收益，按规定计入职业年金个人账户。 ◎ 符合下列条件之一的可以领取职业年金： （一）工作人员在达到国家规定的退休条件并依法办理退休手续后，由本人选择按月领取职业年金待遇的方式。可一次性用于购买商业养老保险产品，依据保险契约领取待遇并享受相应的继承权；可选择按照本人退休时对应的计发月数计发职业年金月待遇标准，发完为止，同时职业年金个人账户余额享有继承权。本人选择任一领取方式后不再更改。 （二）出国（境）定居人员的职业年金个人账户资金，可根据本人要求一次性支付给本人。 （三）工作人员在职期间死亡的，其职业年金个人账户余额可以继承。 未达到上述职业年金领取条件之一的，不得从个人账户中提前提取资金。	2014.10.1

第十七章　住房公积金

一、住房公积金缴存比例和缴存基数

文　号	标　题	内　容　摘　要	执行时间
上海市住房公积金管理委员会沪公积金管委会［2020］3号	关于2020年度上海市调整住房公积金缴存基数、比例以及月缴存额上下限的通知	◎各单位应当按照上海市统计局计算职工月平均工资的口径计算职工月平均工资，并以职工月平均工资作为该职工住房公积金缴存基数核定住房公积金月缴存额。 ◎自2020年7月1日起，本市职工住房公积金的缴存基数由2018年月平均工资调整为2019年月平均工资。 ◎2020年1月1日起新参加工作的职工，以该职工参加工作的第二个月的当月全月应发工资收入或以其新参加工作以来实际发放的月平均工资作为其住房公积金缴存基数。 ◎2020年1月1日起新调入的职工，以调入后发放的当月全月应发工资收入或者以其实际发放的月平均工资作为其住房公积金缴存基数。 ◎2020年度职工本人和单位住房公积金缴存比例为各5%—7%(取整数值)。单位可以在上述比例范围内，自主确定住房公积金具体缴存比例。 ◎住房公积金和补充住房公积金缴存基数最高不超过28 017元，最低不低于2 480元。	2020.7.1

附:2020年度上海市住房公积金月缴存额上下限表

类　型	单位和个人缴存比例	月缴存额上限(元)	月缴存额下限(元)
住房公积金	各7%	3 922	348
	各6%	3 362	298
	各5%	2 802	248

（续表）

类　　型	单位和个人缴存比例	月缴存额上限(元)	月缴存额下限(元)
补充住房公积金	各 5%	2 802	248
	各 4%	2 242	198
	各 3%	1 682	148
	各 2%	1 120	100
	各 1%	560	50

二、补充住房公积金的缴存比例

文　号	标　题	内　容　摘　要	执行时间
上海市住房公积金管理委员会沪公积金管委会［2020］3号	关于2020年度上海市调整住房公积金缴存基数、比例以及月缴存额上下限的通知	◎ 职工本人和单位补充住房公积金缴存比例为各1%—5%(取整数值),具体比例由各单位根据实际情况确定。	2020.7.1

第十八章　福利待遇

一、职工福利费

文　号	标　题	内　容　摘　要	执行时间
财政部财企[2007]48号	关于实施修订后的《企业财务通则》有关问题的通知	关于职工福利费财务制度改革的衔接问题，在修订后的《企业财务通则》实施后，企业不再按照工资总额14%计提职工福利费。	2007.1.1
国家税务总局国税函[2009]3号	关于企业工资薪金及职工福利费扣除问题的通知	企业职工福利费，包括以下内容： ◎ 尚未实行分离办社会职能的企业，其内设福利部门所发生的设备、设施和人员费用，包括职工食堂、职工浴室、理发室、医务所、托儿所、疗养院等集体福利部门的设备、设施及维修保养费用和福利部门工作人员的工资薪金、社会保险费、住房公积金、劳务费等。 ◎ 为职工卫生保健、生活、住房、交通等所发放的各项补贴和非货币性福利，包括企业向职工发放的因公外地就医费用、未实行医疗统筹企业职工医疗费用、职工供养直系亲属医疗补贴、供暖费补贴、职工防暑降温费、职工困难补贴、救济费、职工食堂经费补贴、职工交通补贴等。 ◎ 按照其他规定发生的其他职工福利费，包括丧葬补助费、抚恤费、安家费、探亲假路费等。	2008.1.1

二、企业年金

文　号	标　题	内　容　摘　要	执行时间
人力资源和社会保障部、财政部令第36号	企业年金办法	◎ 企业年金所需费用由企业和职工个人共同缴纳。 ◎ 企业缴费每年不超过本企业职工工资总额的8%。企业和职工个人缴费合计不超过本企业职工工资总额的12%。职工个人缴费由企业从职工个人工资中代扣代缴。 ◎ 人力资源社会保障行政部门自收到企业年金方案文本之日起15日内未提出异议的，企业年金方案即行生效。	2018.2.1

三、独生子女费

文　号	标　题	内　容　摘　要	执行时间
上海市人民政府沪府发[2016]46号	关于印发修订后的《上海市计划生育奖励与补助若干规定》的通知	◎ 持有《独生子女父母光荣证》的本市户籍公民，在其子女年满16周岁以前，领取每月30元的独生子女父母奖励费。 ◎ 独生子女父母奖励费按照下列办法支付： （一）有用人单位的，由用人单位支付； （二）无用人单位的，由其户籍所在地的镇（乡）政府、街道办事处支付。	2016.7.8～2021.7.7

四、幼托收费和补贴标准

文　号	标　题	等级及服务	类　　别	收费（学生每月）
上海市物价局沪价行[2000]187号	关于调整本市托儿所、幼儿园收费标准的通知	全日制二级托儿所、幼儿园	托中班及以下（2周岁以下） 托大班（2~3周岁） 幼小班（3～4周岁） 幼中、幼大班（4～6周岁） 视力、听力、智能、肢体等残障儿童	280元 220元 180元 150元 加收70元

（续表）

文　号	标　题	等级及服务	类　　别	收费（学生每月）
上海市物价局沪价行[2000]187号	关于调整本市托儿所、幼儿园收费标准的通知	寄宿制二级托儿所、幼儿园	托大班(2～3周岁) 幼小班(3～4周岁) 幼中、幼大班(4～6周岁)	400元 350元 300元
		全日制一级托儿所、幼儿园	在全日制二级园所的基础上	每月加收50元
		全日制三级托儿所、幼儿园	在全日制二级园所的基础上	每月减收50元
		寄宿制一级托儿所、幼儿园	在寄宿制二级园所的基础上	每月加收100元
		1. 各年龄段儿童入托管理费的收费标准中，父母单位各报销50元。残障儿童的父母单位各报销70元。 2. 自2000年9月1日起执行。		

五、职工出境定居离职费

文　号	标　题	内　容　摘　要	执行时间
劳动和社会保障部办公厅劳社厅函[2005]126号	关于出境定居的归侨侨眷职工享受一次性离职费问题的复函	◎ 一次性离职费是基本养老保险制度建立之前，对归侨、侨眷职工因出境定居终止劳动关系不再享受退休待遇而由企业支付的一次性补助金。社会保险制度建立后，对不符合国家规定退休条件的归侨、侨眷职工获准出境定居的，按照国家有关规定办理终止劳动关系手续时，支付一次性离职费应根据职工参加社会保险统筹情况区别对待。	2005.4.19

（续表）

文　号	标　题	内　容　摘　要	执行时间
劳动和社会保障部办公厅劳社厅函[2005]126号	关于出境定居的归侨侨眷职工享受一次性离职费问题的复函	◎ 职工已经参加基本养老保险、基本医疗保险的，由社会保险经办机构按照规定将其基本养老保险个人账户储存额一次性支付给本人，并一次性结清其医疗保险个人账户，终止其基本养老保险、基本医疗保险关系；对职工在建立基本养老保险个人账户之前本企业的实际工作年限，仍由用人单位比照国务院侨办、劳动人事部、财政部《关于归侨、侨眷职工因私事出境的假期、工资等问题的规定》（[1983]侨政会字第007号）支付职工一次性离职费。	2005.4.19
国务院侨务办公室[1983]侨政会字第007号	关于归侨、侨眷职工因私事出境的假期、工资等问题的规定	◎ 获准出境定居的在职职工，可以发给一次性离职费，其标准如下： 连续工龄满1年至10年的，每满1年发给1个月的本人标准工资； 连续工龄在10年以上的，从第11年起，每满1年发给一个半月的本人标准工资。满一年的尾数，不足6个月的，按半年计算，超过6个月的，按一年计算。离职费的总额，最高以本人24个月的标准工资为限。	1983.1.25
上海市劳动和社会保障局沪劳保关发[2005]36号	关于实施《上海市劳动合同条例》若干问题的通知（三）	◎ 对职工1993年1月1日之前在本企业的工作年限，仍由用人单位比照国务院侨办、劳动人事部、财政部《关于归侨侨眷职工因私事出境的假期、工资等问题的规定》（[1983]侨政会字第007号）支付职工一次性离职费。 ◎ 一次性离职费的标准按1992年职工实际工资月收入确定。	2005.10.17

六、企业职工因病或非因工死亡和职工供养直系亲属死亡待遇

<table>
<tr><td colspan="2" rowspan="1">项　目</td><td colspan="3">丧葬补助费</td><td colspan="3">供养直系亲属救济费
（职工死亡后一次性发给）</td></tr>
<tr><td colspan="2" rowspan="2">条　件</td><td rowspan="2">职工因病或非因工负伤死亡</td><td colspan="2">供养直系亲属死亡</td><td rowspan="2">供养亲属一人者</td><td rowspan="2">供养亲属二人者</td><td rowspan="2">供养亲属三人或三人以上者</td></tr>
<tr><td>10 周岁以上</td><td>不满 10 周岁的</td></tr>
<tr><td colspan="2">待　遇</td><td>2 个月</td><td>1/2 个月</td><td>1/3 个月</td><td>6 个月</td><td>9 个月</td><td>12 个月</td></tr>
<tr><td rowspan="2">计算基数</td><td>在职职工</td><td colspan="3">本企业月平均工资</td><td colspan="3">死者在职时原工资</td></tr>
<tr><td>离退休职工</td><td colspan="3">本市上年度职工月平均工资</td><td colspan="3">死者本人月基本养老金</td></tr>
<tr><td colspan="2">备　注</td><td colspan="6">1. 自 2010 年 1 月 1 日起，企业退休人员因病或非因工死亡后，在执行原政策规定的基础上，增发一次性救济费 6 000 元。
2. 自 2016 年 7 月 1 日起，参加本市城镇职工基本养老保险的在职人员和离退休人员（机关、事业单位的工作人员和离退休人员除外）死亡后，按规定发给的丧葬补助金、供养直系亲属救济金，由企业职工基本养老保险统筹基金列支。</td></tr>
<tr><td colspan="2">规定文件</td><td colspan="6">1. 劳动保险条例及实施细则修正草案；
2. 上海市劳动和社会保障局　沪劳保养发[2004]36 号；
3. 上海市人力资源和社会保障局　沪人社福发[2010]2 号；
4. 上海市人民政府　沪府发[2016]32 号。</td></tr>
</table>

七、非因工死亡职工的遗属生活困难补助费标准

文　号	标　题	内　容　摘　要	执行时间
上海市人力资源和社会保障局沪人社福发[2013]29 号	关于因病或非因工死亡职工遗属生活困难补助费有关问题的通知	◎ 本市因病或非因工死亡职工遗属生活困难补助费标准暂不调整，继续按每人每月 570 元（孤寡老人或者孤儿的，增加 30%）执行。	2013.4.1

注：沪劳保福[2006]24 号文：自 2006 年 7 月 1 日起，非因工死亡职工的遗属生活困难补助费纳入养老保险统筹基金支付。

第三部分　事业单位人事管理

一、招聘和竞聘

文　号	标　题	内　容　摘　要	执行时间
中华人民共和国国务院令第652号	事业单位人事管理条例	◎ 事业单位新聘用工作人员，应当面向社会公开招聘。但是，国家政策性安置、按照人事管理权限由上级任命、涉密岗位等人员除外。 ◎ 事业单位公开招聘工作人员按照下列程序进行： （一）制定公开招聘方案； （二）公布招聘岗位、资格条件等招聘信息； （三）审查应聘人员资格条件； （四）考试、考察； （五）体检； （六）公示拟聘人员名单； （七）订立聘用合同，办理聘用手续。 ◎ 事业单位内部产生岗位人选，需要竞聘上岗的，按照下列程序进行： （一）制定竞聘上岗方案； （二）在本单位公布竞聘岗位、资格条件、聘期等信息； （三）审查竞聘人员资格条件； （四）考评； （五）在本单位公示拟聘人员名单； （六）办理聘任手续。	2014.7.1
中共上海市委组织部、上海市人力资源和社会保障局沪人社规[2018]33号	关于印发《上海市事业单位聘用合同管理办法》的通知	◎ 受聘人员与聘用单位负责人员有夫妻关系、直系血亲关系、三代以内旁系血亲或者近姻亲关系的，不得被聘用从事该单位人事、财务、纪检监察岗位的工作，也不得在与聘用单位负责人员有直接上下级领导关系的岗位上工作。 聘用工作组织成员在办理人员聘用事项时，遇有上述亲属关系的，应当回避。	2019.1.1～2023.12.31

二、聘用合同

文　号	标　题	内　容　摘　要	执行时间
中华人民共和国国务院令第652号	事业单位人事管理条例	◎ 聘用合同的订立 事业单位与工作人员订立的聘用合同，期限一般不低于3年。 初次就业的工作人员与事业单位订立的聘用合同期限3年以上的，试用期为12个月。 事业单位工作人员在本单位连续工作满10年且距法定退休年龄不足10年，提出订立聘用至退休的合同的，事业单位应当与其订立聘用至退休的合同。 ◎ 聘用合同的解除 事业单位工作人员连续旷工超过15个工作日，或者1年内累计旷工超过30个工作日的，事业单位可以解除聘用合同。 事业单位工作人员年度考核不合格且不同意调整工作岗位，或者连续两年年度考核不合格的，事业单位提前30日书面通知，可以解除聘用合同。 事业单位工作人员提前30日书面通知事业单位，可以解除聘用合同。但是，双方对解除聘用合同另有约定的除外。 事业单位工作人员受到开除处分的，解除聘用合同。 ◎ 自聘用合同依法解除、终止之日起，事业单位与被解除、终止聘用合同人员的人事关系终止。	2014.7.1
中共上海市委组织部、上海市人力资源和社会保障局沪人社规〔2018〕33号	关于印发《上海市事业单位聘用合同管理办法》的通知	◎（聘用合同基本内容）聘用合同应当具备以下条款： （一）聘用合同期限； （二）岗位及其职责要求； （三）岗位纪律； （四）岗位工作条件； （五）工资福利待遇； （六）聘用合同变更和终止的条件； （七）违反聘用合同的责任；	2019.1.1～2023.12.31

（续表）

文　号	标　题	内　容　摘　要	执行时间
中共上海市委组织部、上海市人力资源和社会保障局沪人社规〔2018〕33号	关于印发《上海市事业单位聘用合同管理办法》的通知	（八）法律、法规规定应当纳入聘用合同的其他事项。 聘用合同除前款规定的必备条款外，当事人可以协商约定试用期、培训和继续教育、知识产权保护、解聘提前通知时限等条款。 ◎（试用期约定）初次就业的受聘人员与聘用单位订立的聘用合同期限3年（含）以上的，试用期为12个月。 除前款规定情形外，试用期不得超过6个月。 ◎（服务期约定）聘用合同当事人可以对由聘用单位出资招聘、培训或者提供其他特殊待遇的受聘人员的服务期作出约定。 ◎（保密、脱密规定）受聘人员在涉及国家秘密岗位工作的，应当遵守国家和本市有关涉密人员管理的规定。 受聘人员在涉及聘用单位秘密的岗位工作的，聘用合同当事人可以在聘用合同或者保密协议中约定保密义务。双方就受聘人员解聘提前通知时限作出约定的，提前通知时限不得超过6个月。 ◎（专业技术人员创新创业的聘用合同变更）受聘人员中专业技术人员依照规定开展创新创业，具有下列情形之一，聘用单位应当与其变更聘用合同： （一）选派到企业挂职或者参与项目合作的； （二）到与本单位业务领域相近企业、科研机构、高校、社会组织等兼职的； （三）利用与本人从事专业相关的创业项目在职创办企业的； （四）带着科研项目和成果离岗创办科技型企业或者到企业开展创新工作的； （五）法律、法规规定的其他情形。	2019.1.1 ～ 2023.12.31

（续表）

文　号	标　题	内 容 摘 要	执行时间
中共上海市委组织部、上海市人力资源和社会保障局沪人社规[2018]33号	关于印发《上海市事业单位聘用合同管理办法》的通知	具体变更内容由双方协商确定，主要包括：时间期限、基本待遇、保密义务、知识产权保护、成果归属和权益分配等内容。 ◎（应当订立而未订立书面合同）应当订立书面聘用合同而未订立，但受聘人员按照聘用单位要求履行了工作义务的，当事人的聘用关系成立，受聘人员的工作条件、工资福利待遇等依法依规进行确定。 ◎（聘用单位应当解除聘用合同的情形）受聘人员具有下列情形之一，聘用单位应当解除聘用合同： （一）试用期满考核不合格的； （二）被判处有期徒刑（含）以上刑罚的； （三）受到开除处分的； （四）在公开招聘中违反规定存在违规违纪行为的； （五）法律、法规规定的其他情形。 ◎（聘用合同的过失性解除）受聘人员具有下列情形之一的，聘用单位可以书面通知受聘人员，单方面解除聘用合同： （一）在试用期内被证明不符合本岗位要求又不同意单位调整其工作岗位的； （二）连续旷工超过15个工作日或者1年内累计旷工超过30个工作日的； （三）未经聘用单位同意，擅自出国或者出国逾期不归的； （四）违反工作规定或者操作规程，发生责任事故，或者失职、渎职，造成严重后果的； （五）严重扰乱工作秩序，致使本单位、其他单位工作不能正常进行的； （六）被判处拘役、管制的； （七）法律、法规规定的其他情形。 ◎（聘用合同的非过失性解除）受聘人员具	2019.1.1～2023.12.31

（续表）

文　号	标　题	内　容　摘　要	执行时间
中共上海市委组织部、上海市人力资源和社会保障局沪人社规[2018]33号	关于印发《上海市事业单位聘用合同管理办法》的通知	有下列情形之一的，聘用单位可以解除聘用合同，但是应当提前30日以书面形式通知受聘人员，或者额外支付受聘人员一个月工资： （一）受聘人员患病或者非因工负伤，医疗期满后，不能从事原工作也不能从事聘用单位安排的其他工作的； （二）受聘人员年度考核不合格且不同意调整工作岗位，或者连续两年年度考核不合格的； （三）聘用合同订立时所依据的客观情况发生重大变化，致使原聘用合同无法履行，经当事人协商不能就变更聘用合同达成一致的。 ◎（聘用单位不得解除聘用合同的情形）受聘人员具有下列情形之一的，聘用单位不得依据本管理办法第三十一条第（一）项、第三十二条解除聘用合同： （一）受聘人员患病或者负伤，在规定的医疗期内的； （二）女职工在孕期、产期和哺乳期内的； （三）因工负伤，经治疗伤情相对稳定后，经劳动能力鉴定机构鉴定为1至4级伤残等级的； （四）从事接触职业病危害作业的受聘人员未进行离岗前职业健康检查，或者疑似职业病病人在诊断或者医学观察期间的； （五）患职业病以及现有医疗条件下难以治愈的严重疾病或者精神病的； （六）属于本办法第二十六条规定的情形开展创新创业的； （七）法律、法规规定的其他情形。 ◎（暂缓办理解除、终止聘用合同手续）受	2019.1.1～2023.12.31

(续表)

文　号	标　题	内　容　摘　要	执行时间
中共上海市委组织部、上海市人力资源和社会保障局沪人社规[2018]33号	关于印发《上海市事业单位聘用合同管理办法》的通知	聘人员在行政处分立案调查期间或正在接受纪律审查或监察调查尚未作出结论的，暂缓办理解除、终止聘用合同手续，受聘人员的工资福利待遇，依法依规进行确定。 ◎(受聘人员随时解除聘用合同的情形)具有下列情形之一的，受聘人员可以书面通知聘用单位，解除聘用合同： (一)在试用期内的； (二)考入全日制普通高等院校或科研院所的； (三)被录用、选调或聘任到国家机关工作的； (四)依法服兵役的； (五)聘用单位未按照聘用合同约定支付工资报酬、提供工作条件和福利待遇的； (六)聘用单位以暴力、胁迫或者非法限制人身自由等手段强迫工作的。 ◎(受聘人员提前30日解除合同)除本办法第三十五条规定情形外，受聘人员提前30日书面通知聘用单位，可以解除聘用合同。但是，双方对解除聘用合同另有约定的，从其约定。 ◎(聘用合同终止的情形)具有下列情形之一的，聘用合同终止： (一)聘用合同期满的； (二)当事人约定的聘用合同终止条件出现的； (三)受聘人员开始依法享受基本养老保险待遇或者达到法定退休年龄的； (四)受聘人员死亡，或者被人民法院宣告死亡或者宣告失踪的； (五)聘用单位被撤销、解散的； (六)法律、法规规定的其他情形。 ◎(聘用单位不得终止聘用合同的情形)聘	2019.1.1～2023.12.31

（续表）

文　号	标　题	内　容　摘　要	执行时间
中共上海市委组织部、上海市人力资源和社会保障局沪人社规[2018]33号	关于印发《上海市事业单位聘用合同管理办法》的通知	用合同期满或者当事人约定的聘用合同终止条件出现，受聘人员具有下列情形之一的，聘用单位不得终止聘用合同： （一）因工负伤，经治疗伤情相对稳定后，经劳动能力鉴定机构鉴定为1至4级伤残等级的； （二）患职业病以及现有医疗条件下难以治愈的严重疾病或者精神病的； （三）法律、法规规定的其他情形。 ◎（特殊情形的聘用合同期限顺延）聘用合同期满或者当事人约定的聘用合同终止条件出现，受聘人员具有下列情形之一，同时不属于本办法第三十一条第（二）、（三）、（四）、（五）、（六）项规定的，聘用合同期限顺延至下列情形消失： （一）受聘人员患病或者负伤，在规定的医疗期内的； （二）女职工在孕期、产期和哺乳期内的； （三）从事接触职业病危害作业的受聘人员未进行离岗前职业健康检查，或者疑似职业病病人在诊断或者医学观察期间的； （四）处于行政处分立案调查期间，或正在接受纪律审查或监察调查尚未作出结论的； （五）属于本办法第二十六条第（四）项情形离岗创新创业的； （六）法律、法规规定的其他情形。 ◎（应当订立而未订立聘用合同的终止）聘用单位应当订立聘用合同而未订立的，受聘人员可以终止聘用关系。 由于受聘人员的原因，双方存在事实聘用关系但未订立聘用合同的，聘用单位提前30日通知受聘人员或者额外支付1个	2019.1.1～2023.12.31

(续表)

文　号	标　题	内　容　摘　要	执行时间
中共上海市委组织部、上海市人力资源和社会保障局沪人社规[2018]33号	关于印发《上海市事业单位聘用合同管理办法》的通知	月工资，可以终止聘用关系。受聘人员具有本办法第三十八条、第三十九条规定的情形的，按前述规定处理。法律、法规另有规定的，从其规定。 ◎（解除或者终止聘用合同的经济补偿）具有下列情形之一的，聘用单位应当按照受聘人员在本单位实际工作年限，每工作1年给予1个月工资的标准，进行经济补偿： （一）聘用单位提出解除聘用合同，受聘人员同意解除的； （二）受聘人员患病或者非因工负伤，医疗期满后，不能从事原工作也不能从事由单位安排的其他工作，聘用单位单方面解除聘用合同的； （三）受聘人员年度考核不合格且不同意调整工作岗位，或者连续两年年度考核不合格，聘用单位单方面解除聘用合同的； （四）聘用合同订立时所依据的客观情况发生重大变化，致使原聘用合同无法履行，经当事人协商不能就变更聘用合同达成一致，由聘用单位单方面解除合同的； （五）聘用单位未按照聘用合同约定支付工资报酬、提供工作条件和福利待遇的； （六）聘用单位以暴力、胁迫或者非法限制人身自由等手段强迫工作的； （七）聘用单位被撤销、解散，不能安置受聘人员就业或者接受安置单位重新计算本单位工作年限的。 ◎（经济补偿金的计算标准）计算经济补偿以受聘人员上年月平均收入为标准；上年聘用不满12个月但聘用期限满12个月的，以解除或者终止聘用合同前12个月的	2019.1.1～2023.12.31

（续表）

文　号	标　题	内　容　摘　要	执行时间
中共上海市委组织部、上海市人力资源和社会保障局沪人社规[2018]33号	关于印发《上海市事业单位聘用合同管理办法》的通知	月平均收入为标准；聘用期限不满12个月的，以实际聘用月份数计算月平均收入。 受聘人员月平均收入高于上年度本市职工平均工资3倍以上的，按上年度本市职工平均工资的3倍支付经济补偿金。 受聘人员在聘用单位工作年限，满6个月不满1年的，按1年计算；不满6个月的，按半年计算。 ◎（医疗补助费）聘用单位依据本办法第三十二条第（一）项的规定解除聘用合同的，除按规定给予经济补偿外，还应当支付相当于6个月工资的医疗补助费。 ◎（参照执行对象）社会团体中使用事业单位编制的工作人员，除经批准参照公务员法管理的以外，参照本办法的规定执行。	2019.1.1～2023.12.31

三、考核和培训

文　号	标　题	内　容　摘　要	执行时间
中华人民共和国国务院令第652号	事业单位人事管理条例	◎考核分为平时考核、年度考核和聘期考核。 年度考核的结果可以分为优秀、合格、基本合格和不合格等档次，聘期考核的结果可以分为合格和不合格等档次。 ◎考核结果作为调整事业单位工作人员岗位、工资以及续订聘用合同的依据。 ◎事业单位应当根据不同岗位的要求，编制工作人员培训计划，对工作人员进行分级分类培训。 工作人员应当按照所在单位的要求，参加岗前培训、在岗培训、转岗培训和为完成特定任务的专项培训。	2014.7.1

四、奖励和处分

文　号	标　题	内　容　摘　要	执行时间
中华人民共和国国务院令第652号	事业单位人事管理条例	◎ 事业单位工作人员或者集体有下列情形之一的,给予奖励: （一）长期服务基层,爱岗敬业,表现突出的; （二）在执行国家重要任务、应对重大突发事件中表现突出的; （三）在工作中有重大发明创造、技术革新的; （四）在培养人才、传播先进文化中作出突出贡献的; （五）有其他突出贡献的。 ◎ 奖励坚持精神奖励与物质奖励相结合、以精神奖励为主的原则。 奖励分为嘉奖、记功、记大功、授予荣誉称号。 ◎ 事业单位工作人员有下列行为之一的,给予处分: （一）损害国家声誉和利益的; （二）失职渎职的; （三）利用工作之便谋取不正当利益的; （四）挥霍、浪费国家资财的; （五）严重违反职业道德、社会公德的; （六）其他严重违反纪律的。 ◎ 处分分为警告、记过、降低岗位等级或者撤职、开除。 受处分的期间为:警告,6个月;记过,12个月;降低岗位等级或者撤职,24个月。 ◎ 给予工作人员处分,应当事实清楚、证据确凿、定性准确、处理恰当、程序合法、手续完备。 ◎ 工作人员受开除以外的处分,在受处分期间没有再发生违纪行为的,处分期满后,由处分决定单位解除处分并以书面形式通知本人。	2014.7.1

（续表）

文　号	标　题	内　容　摘　要	执行时间
中共中央组织部、人力资源社会保障部人社部规〔2018〕4号	关于印发《事业单位工作人员奖励规定》的通知	◎ 对事业单位工作人员和集体可以嘉奖、记功、记大功、授予称号。 （一）对表现突出、作出较大贡献，在本单位发挥模范带头作用的，给予嘉奖； （二）对取得突破性成就、作出重大贡献，在本地区本行业本领域产生较大影响的，记功； （三）对取得重大突破性成就、作出杰出贡献，在本地区本行业本领域产生重大影响的，记大功； （四）对功绩卓著的，授予称号。 授予称号以及荣誉称号，按照《中国共产党党内功勋荣誉表彰条例》《国家功勋荣誉表彰条例》等有关规定执行。 ◎ 给予党中央、国务院直属事业单位工作人员和集体的嘉奖、记功、记大功，由本单位按照干部人事管理权限作出。 给予中央各部门所属事业单位工作人员和集体的嘉奖、记功、记大功，由本单位或者主管部门按照干部人事管理权限作出。 其中，记大功奖励方案，应当事先征得中央事业单位人事综合管理部门同意，并在作出记大功奖励决定后1个月内备案。 ◎ 给予省（自治区、直辖市）级以下事业单位工作人员和集体奖励，按照下列权限进行： （一）嘉奖。省（自治区、直辖市）级、市（地、州、盟）级事业单位由本单位或者主管机关（部门）按照干部人事管理权限作出，县（市、区、旗）级以下事业单位报县（市、区、旗）级事业单位人事综合管理部门批准并作出。 （二）记功。省（自治区、直辖市）级事业单位由本单位或者主管机关（部门）按照	2018.12.18

（续表）

文　号	标　题	内　容　摘　要	执行时间
中共中央组织部、人力资源社会保障部人社部规[2018]4号	关于印发《事业单位工作人员奖励规定》的通知	干部人事管理权限作出，市(地、州、盟)级以下事业单位报市(地、州、盟)级事业单位人事综合管理部门批准并作出。 （三）记大功。报省(自治区、直辖市)级事业单位人事综合管理部门批准并作出。 上述由事业单位或者主管机关(部门)作出的奖励决定，应当在1个月内向同级事业单位人事综合管理部门备案。 ◎ 省(自治区、直辖市)级以上事业单位人事综合管理部门可以会同相关行业主管部门开展奖励。市(地、州、盟)级以上事业单位人事综合管理部门可以跨层级对下级事业单位工作人员和集体作出嘉奖、记功奖励决定。 ◎ 定期奖励的比例(名额)，由奖励决定单位结合事业单位数量、人员规模、职责任务、工作绩效等因素统筹确定。给予工作人员嘉奖、记功，一般分别不超过工作人员总数的20%、2%，事业单位整体表现突出的，其工作人员嘉奖比例一般不超过25%。 定期奖励的比例(名额)应当向基层和艰苦边远地区事业单位倾斜，向一线工作人员倾斜。县(市、区、旗)级以下事业单位的奖励比例(名额)可以根据实际在本县(市、区、旗)范围内统筹使用。 ◎ 对获得嘉奖、记功、记大功的事业单位工作人员给予一次性奖金。 获奖人员所在地区或者单位经批准可以追加其他物质奖励。 经批准的奖励所需经费，通过相关单位现有经费渠道解决，不计入工作人员所在单位绩效工资总额。	2018.12.18

五、工资福利和社会保险

文　号	标　题	内　容　摘　要	执行时间
中华人民共和国国务院令第652号	事业单位人事管理条例	◎ 国家建立激励与约束相结合的事业单位工资制度。 　　事业单位工作人员工资包括基本工资、绩效工资和津贴补贴。 　　事业单位工资分配应当结合不同行业事业单位特点，体现岗位职责、工作业绩、实际贡献等因素。 ◎ 国家建立事业单位工作人员工资的正常增长机制。 　　事业单位工作人员的工资水平应当与国民经济发展相协调、与社会进步相适应。 ◎ 事业单位工作人员享受国家规定的福利待遇。 　　事业单位执行国家规定的工时制度和休假制度。 ◎ 事业单位及其工作人员依法参加社会保险，工作人员依法享受社会保险待遇。 　　事业单位工作人员符合国家规定退休条件的，应当退休。	2014.7.1

六、人事争议处理

文　号	标　题	内　容　摘　要	执行时间
中华人民共和国国务院令第652号	事业单位人事管理条例	◎ 事业单位工作人员与所在单位发生人事争议的，依照《中华人民共和国劳动争议调解仲裁法》等有关规定处理。 ◎ 事业单位工作人员对涉及本人的考核结果、处分决定等不服的，可以按照国家有关规定申请复核、提出申诉。 ◎ 负有事业单位聘用、考核、奖励、处分、人事争议处理等职责的人员履行职责，有下列情形之一的，应当回避： 　　（一）与本人有利害关系的； 　　（二）与本人近亲属有利害关系的； 　　（三）其他可能影响公正履行职责的。	2014.7.1

第四部分　争议处理

第十九章　劳动用工相关法律责任

一、招工、退工

文　号	标　题	内　容　摘　要	执行时间
中华人民共和国主席令第65号	中华人民共和国劳动合同法	◎ 用人单位违反本法规定，扣押劳动者居民身份证等证件的，由劳动行政部门责令限期退还劳动者本人，并依照有关法律规定给予处罚。 ◎ 用人单位违反本法规定，以担保或者其他名义向劳动者收取财物的，由劳动行政部门责令限期退还劳动者本人，并以每人500元以上2 000元以下的标准处以罚款；给劳动者造成损害的，应当承担赔偿责任。 ◎ 劳动者依法解除或者终止劳动合同，用人单位扣押劳动者档案或者其他物品的，依照上述规定处罚。 ◎ 用人单位招用与其他用人单位尚未解除或者终止劳动合同的劳动者，给其他用人单位造成损失的，应当承担连带赔偿责任。	2008.1.1 2012.12.28修正
上海市劳动和社会保障局沪劳保关发[2004]4号	关于实施《上海市劳动合同条例》若干问题的通知(二)	◎ 劳动合同关系已经解除或者终止，用人单位未按规定出具解除或者终止劳动合同关系的有效证明或未及时办理退工手续，影响劳动者办理失业登记手续造成损失的，应当按照失业保险金有关规定予以赔偿；给劳动者造成其他实际损失的，用人单位应当按照劳动者的请求，赔偿其他实际损失，但不再承担法定失业保险金的赔偿责任。 ◎ 因劳动者原因造成用人单位未能及时办理退工手续的，其损失由劳动者承担。	2004.1.5

(续表)

文　号	标　题	内　容　摘　要	执行时间
劳动和社会保障部令第 28 号	就业服务与就业管理规定	◎ 用人单位违反本规定在国家法律、行政法规和国务院卫生行政部门规定禁止乙肝病原携带者从事的工作岗位以外招用人员时，将乙肝病毒血清学指标作为体检标准的，由劳动保障行政部门责令改正，并可处以 1 000 元以下的罚款；对当事人造成损害的，应当承担赔偿责任。	2008.1.1 2014.12.23 修订 2015.4.30 第二次修订
中华人民共和国国务院令第 535 号	中华人民共和国劳动合同法实施条例	用人单位违反劳动合同法有关建立职工名册规定的，由劳动行政部门责令限期改正；逾期不改正的，由劳动行政部门处 2 000 元以上 2 万元以下的罚款。	2008.9.18

二、劳动合同的订立和解除

文　号	标　题	内　容　摘　要	执行时间
中华人民共和国主席令第 65 号	中华人民共和国劳动合同法	◎ 用人单位提供的劳动合同文本未载明本法规定的劳动合同必备条款或者用人单位未将劳动合同文本交付劳动者的，由劳动行政部门责令改正；给劳动者造成损害的，应当承担赔偿责任。 ◎ 用人单位自用工之日起超过 1 个月不满 1 年未与劳动者订立书面劳动合同的，应当向劳动者每月支付二倍的工资。 ◎ 用人单位违反本法规定不与劳动者订立无固定期限劳动合同的，自应当订立无固定期限劳动合同之日起向劳动者每月支付二倍的工资。 ◎ 用人单位违反本法规定与劳动者约定试用期的，由劳动行政部门责令改正；违反约定的试用期已经履行的，由用人单位以劳动者试用期满月工资为标准的，按已经履行的超过法定试用期的期间向劳动者支付赔偿金。	2008.1.1 2012.12.28 修正

（续表）

文　号	标　题	内　容　摘　要	执行时间
中华人民共和国主席令第65号	中华人民共和国劳动合同法	◎ 用人单位违反本法规定解除或者终止劳动合同的，应当依照本法第四十七条规定的经济补偿标准的二倍向劳动者支付赔偿金。 ◎ 劳动者违反本法规定解除劳动合同，或者违反劳动合同中约定的保密义务或者竞业限制，给用人单位造成损失的，应当承担赔偿责任。 ◎ 用人单位未按规定或约定及时足额支付劳动报酬、低于当地最低工资标准支付劳动者工资、安排加班不支付加班费、未按法律规定支付解除或终止劳动合同的经济补偿的，由劳动行政部门责令期限支付，逾期不支付的，用人单位按应付金额50%～100%的标准向劳动者加付赔偿金。	2008.1.1 2012.12.28修正

三、规章制度

文　号	标　题	内　容　摘　要	执行时间
中华人民共和国主席令第65号	中华人民共和国劳动合同法	◎ 用人单位在制定、修改或者决定规章制度或者重大事项时，应当经职工代表大会或者全体职工讨论，提出方案和意见，与工会或者职工代表平等协商确定。 ◎ 在规章制度和重大事项决定实施过程中，工会或者职工认为不适当的，有权向用人单位提出，通过协商予以修改完善。 ◎ 用人单位应当将直接涉及劳动者切身利益的规章制度和重大事项决定公示，或者告知劳动者。 ◎ 用人单位的规章制度违反法律、法规的规定，损害劳动者权益的，劳动者可以解除劳动合同。 ◎ 用人单位直接涉及劳动者切身利益的规章制度违反法律、法规规定的，由劳动行政部门责令改正，给予警告；给劳动者造成损害的，应当承担赔偿责任。	2008.1.1 2012.12.28修正

（续表）

文　号	标　题	内　容　摘　要	执行时间
最高人民法院法释［2001］14号	关于审理劳动争议案件适用法律若干问题的解释	◎用人单位根据《劳动法》第四条之规定，通过民主程序制定的规章制度，不违反国家法律、行政法规及政策规定，并已向劳动者公示的，可以作为人民法院审理劳动争议案件的依据。	2001.4.30

四、延长工作时间

文　号	标　题	内　容　摘　要	执行时间
中华人民共和国国务院令第423号	劳动保障监察条例	◎用人单位违反劳动保障法律、法规或者规章延长劳动者工作时间的，由劳动保障行政部门给予警告，责令限期改正，并可以按照受侵害的劳动者每人100元以上500元以下的标准计算，处以罚款。	2004.12.1

五、劳动报酬、加班费、经济补偿

文　号	标　题	内　容　摘　要	执行时间
中华人民共和国主席令第65号	中华人民共和国劳动合同法	◎用人单位有下列情形之一的，由劳动行政部门责令限期支付劳动报酬、加班费或者经济补偿；劳动报酬低于当地最低工资标准的，应当支付其差额部分；逾期不支付的，责令用人单位按应付金额50%以上100%以下的标准向劳动者加付赔偿金： 1. 未按照劳动合同的约定或者国家规定及时足额支付劳动者劳动报酬的； 2. 低于当地最低工资标准支付劳动者工资的； 3. 安排加班不支付加班费的； 4. 解除或者终止劳动合同，未依照本法规定向劳动者支付经济补偿的。	2008.1.1 2012.12.28修正

（续表）

文　号	标　题	内　容　摘　要	执行时间
最高人民法院法释［2013］3号	最高人民法院关于审理拒不支付劳动报酬刑事案件适用法律若干问题的解释	◎ 以逃避支付劳动者的劳动报酬为目的，具有下列情形之一的，应当认定为刑法第二百七十六条之一第一款规定的"以转移财产、逃匿等方法逃避支付劳动者的劳动报酬"： （1）隐匿财产、恶意清偿、虚构债务、虚假破产、虚假倒闭或者以其他方法转移、处分财产的； （2）逃跑、藏匿的； （3）隐匿、销毁或者篡改账目、职工名册、工资支付记录、考勤记录等与劳动报酬相关的材料的； （4）以其他方法逃避支付劳动报酬的。 ◎ 具有下列情形之一的，应当认定为刑法第二百七十六条之一第一款规定的"数额较大"： （一）拒不支付一名劳动者3个月以上的劳动报酬且数额在5 000元至2万元以上的； （二）拒不支付10名以上劳动者的劳动报酬且数额累计在3万元至10万元以上的。 ◎ 拒不支付劳动者的劳动报酬，符合本解释第三条的规定，并具有下列情形之一的，应当认定为刑法第二百七十六条之一第一款规定的"造成严重后果"： （1）造成劳动者或者其被赡养人、被扶养人、被抚养人的基本生活受到严重影响、重大疾病无法及时医治或者失学的； （2）对要求支付劳动报酬的劳动者使用暴力或者进行暴力威胁的； （3）造成其他严重后果的。 ◎ 拒不支付劳动者的劳动报酬，尚未造成严重后果，在刑事立案前支付劳动者的劳动报酬，并依法承担相应赔偿责任的，可以认定为情节显著轻微、危害不大，不认为是犯罪；在提起公诉前支付劳动者的劳动报酬，并依法承担相应赔偿责任的，可以减轻或者免除刑事处罚；在一审宣判前支付劳动者的劳动报酬，并依法承担相应赔偿责任的，可以从轻处罚。 ◎ 对于免除刑事处罚的，可以根据案件的不同情况，予以训诫、责令具结悔过或者赔礼道歉。 ◎ 拒不支付劳动者的劳动报酬，造成严重后果，但在宣判前支付劳动者的劳动报酬，并依法承担相应赔偿责任的，可以酌情从宽处罚。	2013.1.23

六、劳动保护

文　号	标　题	内　容　摘　要	执行时间
中华人民共和国主席令第60号	中华人民共和国职业病防治法	◎ 用人单位违反本法规定，已经对劳动者生命健康造成严重损害的，由安全生产监督管理部门责令停止产生职业病危害的作业，或者提请有关人民政府按照国务院规定的权限责令关闭，并处10万元以上50万元以下的罚款。 ◎ 用人单位违反本法规定，造成重大职业病危害事故或者其他严重后果，构成犯罪的，对直接负责的主管人员和其他直接责任人员，依法追究刑事责任。	2002.5.1 2011.12.31 第一次修正 2016.7.2 第二次修正 2017.11.4 第三次修正
中华人民共和国国务院令第423号	劳动保障监察条例	◎ 用人单位有下列行为之一的，由劳动保障行政部门责令改正，按照受侵害的劳动者每人1 000元以上5 000元以下的标准计算，处以罚款： 1. 安排女职工从事矿山井下劳动、国家规定的第四级体力劳动强度的劳动或者其他禁忌从事的劳动的； 2. 安排女职工在经期从事高处、低温、冷水作业或者国家规定的第三级体力劳动强度的劳动的； 3. 安排女职工在怀孕期间从事国家规定的第三级体力劳动强度的劳动或者孕期禁忌从事的劳动的； 4. 安排怀孕7个月以上的女职工夜班劳动或者延长其工作时间的； 5. 女职工生育享受产假少于90天的； 6. 安排女职工在哺乳未满1周岁的婴儿期间从事国家规定的第三级体力劳动强度的劳动或者哺乳期禁忌从事的其他劳动，以及延长其工作时间或者安排其夜班劳动的； 7. 安排未成年工从事矿山井下、有毒有害、国家规定的第四级体力劳动强度的劳动或者其他禁忌从事的劳动的； 8. 未对未成年工定期进行健康检查的。	2004.12.1

七、竞业限制

文　号	标　题	内　容　摘　要	执行时间
中华人民共和国主席令第65号	中华人民共和国劳动合同法	◎ 用人单位与劳动者可以在劳动合同中约定保守用人单位的商业秘密和与知识产权相关的保密事项。 ◎ 对负有保密义务的劳动者，用人单位可以在劳动合同或者保密协议中与劳动者约定竞业限制条款，并约定在解除或者终止劳动合同后，在竞业限制期限内按月给予劳动者经济补偿。劳动者违反竞业限制约定的，应当按照约定向用人单位支付违约金。 ◎ 竞业限制的人员限于用人单位的高级管理人员、高级技术人员和其他负有保密义务的人员。竞业限制的范围、地域、期限由用人单位与劳动者约定，竞业限制的约定不得违反法律、法规的规定。 ◎ 在解除或者终止劳动合同后，前款规定的人员到与本单位生产或者经营同类产品、从事同类业务的有竞争关系的其他用人单位，或者自己开业生产或者经营同类产品、从事同类业务的竞业限制期限，不得超过两年。	2008.1.1 2012.12.28修正
最高人民法院法释［2013］4号	关于审理劳动争议案件适用法律若干问题的解释(四)	◎ 当事人在劳动合同或者保密协议中约定了竞业限制，但未约定解除或者终止劳动合同后给予劳动者经济补偿，劳动者履行了竞业限制义务，要求用人单位按照劳动者在劳动合同解除或者终止前12个月平均工资的30%按月支付经济补偿的，人民法院应予支持。 　　前款规定的月平均工资的30%低于劳动合同履行地最低工资标准的，按照劳动合同履行地最低工资标准支付。 ◎ 当事人在劳动合同或者保密协议中约定了竞业限制和经济补偿，当事人解除劳动合同时，除另有约定外，用人单位要求劳动者履行竞业限制义务，或者劳动者履行了竞业限制义务后要求用人单位支付经济补偿的，人民法院应予支持。	2013.2.1

（续表）

文　号	标　题	内　容　摘　要	执行时间
最高人民法院法释［2013］4号	关于审理劳动争议案件适用法律若干问题的解释(四)	◎ 当事人在劳动合同或者保密协议中约定了竞业限制和经济补偿，劳动合同解除或者终止后，因用人单位的原因导致3个月未支付经济补偿，劳动者请求解除竞业限制约定的，人民法院应予支持。 ◎ 在竞业限制期限内，用人单位请求解除竞业限制协议时，人民法院应予支持。 ◎ 在解除竞业限制协议时，劳动者请求用人单位额外支付劳动者3个月的竞业限制经济补偿的，人民法院应予支持。 ◎ 劳动者违反竞业限制约定，向用人单位支付违约金后，用人单位要求劳动者按照约定继续履行竞业限制义务的，人民法院应予支持。	2013.2.1
最高人民法院第八次全国法院民事商事审判工作会议纪要	关于竞业限制协议中违约金的处理意见	◎ 用人单位和劳动者在竞业限制协议中约定的违约金过分高于或者低于实际损失，当事人请求调整违约金数额的，人民法院应当以实际损失为基础，兼顾合同的履行情况、当事人的过错程度以及预期利益等综合因素，根据公平原则和诚实信用原则予以衡量，并作出裁决。当事人约定的违约金超过造成损失的百分之三十的，一般可以认定为“过分高于造成的损失”。	2015.12.23

八、社会保险

文　号	标　题	内　容　摘　要	执行时间
中华人民共和国主席令第35号	中华人民共和国社会保险法	◎ 用人单位不办理社会保险登记的，由社会保险行政部门责令限期改正；逾期不改正的，对用人单位处应缴社会保险费数额1倍以上3倍以下的罚款，对其直接负责的主管人员和其他直接责任人员处500元以上3 000元以下的罚款。 ◎ 用人单位未按时足额缴纳社会保险费的，由社会保险费征收机构责令限期缴	2011.7.1

（续表）

文　号	标　题	内　容　摘　要	执行时间
中华人民共和国主席令第 35 号	中华人民共和国社会保险法	纳或者补足，并且欠缴之日起，按日加收5‰的滞纳金；逾期仍不缴纳的，由有关行政部门处欠缴数额 1 倍以上 3 倍以下的罚款。 ◎ 以欺诈、伪造证明材料或者其他手段骗取社会保险待遇的，由社会保险行政部门责令退回骗取的社会保险金，处骗取金额 2 倍以上 5 倍以下的罚款。 ◎ 用人单位未按规定申报应当缴纳的社会保险费数额的，按照该单位上月缴费额的 110％确定应当缴纳数额。	2011.7.1
中华人民共和国国务院令第 375 号	工伤保险条例	◎ 用人单位未在本条例规定的时限内提交工伤认定申请，在此期间发生符合本条例规定的工伤待遇等有关费用由该用人单位负担。 ◎ 职工或者其近亲属认为是工伤，用人单位不认为是工伤的，由用人单位承担举证责任。 ◎ 工伤职工有下列情形之一的，停止享受工伤保险待遇： 1. 丧失享受待遇条件的； 2. 拒不接受劳动能力鉴定的； 3. 拒绝治疗的。 ◎ 用人单位依照本条例规定应当参加工伤保险而未参加的，由社会保险行政部门责令限期参加，补缴应当缴纳的工伤保险费，并自欠缴之日起，按日加收 5‰的滞纳金；逾期仍不缴纳的，处欠缴数额 1 倍以上 3 倍以下的罚款。 ◎ 依照本条例规定应当参加工伤保险而未参加工伤保险的用人单位职工发生工伤的，由该用人单位按照本条例规定的工伤保险待遇项目和标准支付费用。 ◎ 用人单位违反本条例的相关规定，拒不协助社会保险行政部门对事故进行调查核实的，由社会保险行政部门责令改正，处 2 000 元以上 2 万元以下的罚款。	2004.1.1 2010.12.20 修订

（续表）

文　号	标　题	内 容 摘 要	执行时间
上海市人民政府令第93号	上海市工伤保险实施办法（2012）	◎ 用人单位未依法缴纳工伤保险费的，按照《中华人民共和国社会保险法》和《社会保险费征缴暂行条例》的有关规定处理。 ◎ 应当参加工伤保险而未参加或者未按规定缴纳工伤保险费的用人单位，未参加工伤保险或者未按规定缴纳工伤保险费期间，从业人员发生工伤的，由用人单位按照本办法规定的工伤保险待遇项目和标准支付费用。用人单位不支付的，从工伤保险基金中先行支付。从工伤保险基金中先行支付的费用，应当由用人单位偿还。用人单位不偿还的，社保经办机构依法追偿。 ◎ 用人单位参加工伤保险并补缴应当缴纳的工伤保险费、滞纳金后，由工伤保险基金和用人单位依照本办法的规定支付新发生的费用。	2013.1.1

九、劳务派遣

文　号	标　题	内 容 摘 要	执行时间
中华人民共和国国务院令第535号	中华人民共和国劳动合同法实施条例	◎ 用工单位违反有关劳务派遣规定的，由劳动行政部门和其他有关主管部门责令改正；情节严重的，以每位被派遣劳动者1 000元以上5 000元以下的标准处以罚款；给被派遣劳动者造成损害的，劳务派遣单位和用工单位承担连带赔偿责任。	2008.9.18
中华人民共和国主席令第73号	中华人民共和国劳动合同法（2012修正）	◎ 违反本法规定，未经许可，擅自经营劳务派遣业务的，由劳动行政部门责令停止违法行为，没收违法所得，并处违法所得1倍以上5倍以下的罚款；没有违法所得的，可以处5万元以下的罚款。 ◎ 劳务派遣单位、用工单位违反本法有关劳务派遣规定的，由劳动行政部门责令限期改正；逾期不改正的，以每人5 000元以上1万元以下的标准处以罚款，对劳务派遣单位，吊销其劳务派遣业务经营许可证。用工单位给被派遣劳动者造成损害的，劳务派遣单位与用工单位承担连带赔偿责任。	2013.7.1

（续表）

文　号	标　题	内　容　摘　要	执行时间
中华人民共和国人力资源和社会保障部令第19号	劳务派遣行政许可实施办法	◎人力资源社会保障行政部门有下列情形之一的，由其上级行政机关或者监察机关责令改正，对直接负责的主管人员和其他直接责任人员依法给予处分；构成犯罪的，依法追究刑事责任： （一）向不符合法定条件的申请人发放《劳务派遣经营许可证》，或者超越法定职权发放《劳务派遣经营许可证》的； （二）对符合法定条件的申请人不予行政许可或者不在法定期限内作出准予行政许可决定的； （三）在办理行政许可、实施监督检查工作中，玩忽职守、徇私舞弊，索取或者收受他人财物或者谋取其他利益的； （四）不依法履行监督职责或者监督不力，造成严重后果的。 ◎许可机关违法实施行政许可，给当事人的合法权益造成损害的，应当依照国家赔偿法的规定给予赔偿。 ◎任何单位和个人违反《中华人民共和国劳动合同法》的规定，未经许可，擅自经营劳务派遣业务的，由人力资源社会保障行政部门责令停止违法行为，没收违法所得，并处违法所得1倍以上5倍以下的罚款；没有违法所得的，可以处5万元以下的罚款。 ◎劳务派遣单位违反《中华人民共和国劳动合同法》有关劳务派遣规定的，由人力资源社会保障行政部门责令限期改正；逾期不改正的，以每人5 000元以上1万元以下的标准处以罚款，并吊销其《劳务派遣经营许可证》。 ◎劳务派遣单位有下列情形之一的，由人力资源社会保障行政部门处1万元以下的罚款；情节严重的，处1万元以上3万元以下的罚款：	2013.7.1

（续表）

文　号	标　题	内　容　摘　要	执行时间
中华人民共和国人力资源和社会保障部令第19号	劳务派遣行政许可实施办法	（一）涂改、倒卖、出租、出借《劳务派遣经营许可证》，或者以其他形式非法转让《劳务派遣经营许可证》的； （二）隐瞒真实情况或者提交虚假材料取得劳务派遣行政许可的； （三）以欺骗、贿赂等不正当手段取得劳务派遣行政许可的。	2013.7.1
中华人民共和国人力资源和社会保障部令第22号	劳务派遣暂行规定	◎ 劳务派遣单位、用工单位违反劳动合同法和劳动合同法实施条例有关劳务派遣规定的，按照劳动合同法第九十二条规定执行。 ◎ 劳务派遣单位违反本规定解除或者终止被派遣劳动者劳动合同的，按照劳动合同法第四十八条、第八十七条规定执行。 ◎ 用工单位违反本规定第三条第三款规定的，由人力资源社会保障行政部门责令改正，给予警告；给被派遣劳动者造成损害的，依法承担赔偿责任。 ◎ 劳务派遣单位违反本规定第六条规定的，按照劳动合同法第八十三条规定执行。 ◎ 用工单位违反本规定退回被派遣劳动者的，按照劳动合同法第九十二条第二款规定执行。	2014.3.1

十、外国人在中国就业

文　号	标　题	内　容　摘　要	执行时间
上海市劳动和社会保障局沪劳外发［1998］25号	关于印发《关于贯彻〈外国人在中国就业管理规定〉的若干意见》的通知	◎ 外国人未按国家及本市规定申办就业证在本市用人单位任职工作的，按非法就业处理。	1998.4.14

(续表)

文　号	标　题	内　容　摘　要	执行时间
中华人民共和国主席令第57号	中华人民共和国出境入境管理法	◎ 外国人非法就业的，处5 000元以上20 000元以下罚款；情节严重的，处5日以上15日以下拘留，并处5 000元以上20 000元以下罚款。 ◎ 介绍外国人非法就业的，对个人处以每非法介绍一人5 000元、总额不超过50 000元的罚款；对单位处每非法介绍一人5 000元，总额不超过100 000元的罚款；有违法所得的，没收违法所得。 ◎ 非法聘用外国人的，处每非法聘用一人1万元、总额不超过10万元的罚款；有违法所得的，没收违法所得。 ◎ 外国人拖欠劳动者的劳动报酬，经国务院有关部门或者省、自治区、直辖市人民政府决定不准出境。	2013.7.1

十一、劳动监察

文　号	标　题	内　容　摘　要	执行时间
中华人民共和国国务院令第423号	劳动保障监察条例	◎ 有下列行为之一的，由劳动保障行政部门责令改正；对有第1项、第2项或者第3项规定的行为的，处2 000元以上2万元以下的罚款： 1. 无理抗拒、阻挠劳动保障行政部门依照本条例的规定实施劳动保障监察的； 2. 不按照劳动保障行政部门的要求报送书面材料，隐瞒事实真相，出具伪证或者隐匿、毁灭证据的； 3. 经劳动保障行政部门责令改正，仍拒不改正，或者拒不履行劳动保障行政部门的行政处理决定的； 4. 打击报复举报人、投诉人的。 违反前款规定，构成违反治安管理行为的，由公安机关依法给予治安管理处罚；构成犯罪的，依法追究刑事责任。	2004.12.1

第二十章　劳动人事争议仲裁

一、劳动人事争议仲裁管辖

文　号	标　题	内　容　摘　要	执行时间
上海市人力资源和社会保障局沪人社规〔2018〕39号	关于印发《关于明确本市劳动人事争议仲裁管辖的若干规定》的通知	◎劳动争议由劳动合同履行地或者用人单位所在地的劳动人事争议仲裁委员会管辖。劳动合同履行地为劳动者实际工作场所地，用人单位所在地为用人单位注册、登记地或者主要办事机构所在地。当事人分别向劳动合同履行地和用人单位所在地的劳动人事争议仲裁委员会申请仲裁的，由劳动合同履行地的劳动人事争议仲裁委员会管辖。 ◎市劳动人事争议仲裁委员会管辖下列劳动人事争议： 1. 根据《中华人民共和国外资企业法》规定，在本市注册设立的注册资金在壹仟万美元以上或者相当于壹仟万美元以上的外资企业和劳动者发生的劳动争议； 2. 根据《中华人民共和国外资企业法实施细则》规定，参照执行的香港、澳门、台湾地区的公司、企业和其他经济组织或者个人或在国外居住的中国公民在大陆设立全部资本为其所有的，在本市注册设立的注册资金在壹仟万美元以上或者相当于壹仟万美元以上的企业和劳动者发生的劳动争议； 3. 经市人民政府及其有关主管部门批准成立的事业单位和中央、外省市在本市的事业单位发生的人事及劳动争议； 4. 驻沪军级以上军队聘用单位与文职人员发生的人事争议； 5. 取得合法就业资格的外籍人员与所在单位发生的劳动人事争议； 6. 台港澳人员与所在单位发生的劳动争议； 7. 本市范围内有重大影响的劳动争议案件。 ◎区劳动人事争议仲裁委员会管辖下列劳动人事争议：	2019.1.1～2023.12.31

（续表）

文　号	标　题	内　容　摘　要	执行时间
上海市人力资源和社会保障局沪人社规[2018]39号	关于印发《关于明确本市劳动人事争议仲裁管辖的若干规定》的通知	1. 市劳动人事争议仲裁委员会管辖范围以外的，用人单位所在地或者劳动合同履行地在本行政区域内的劳动争议； 2. 经区人民政府及其有关主管部门批准成立的事业单位发生的人事及劳动争议； 3. 驻沪师级以下军队聘用单位与文职人员发生的人事争议。	2019.1.1 ～ 2023.12.31
最高人民法院法释[2013]4号	关于审理劳动争议案件适用法律若干问题的解释(四)	◎ 劳动人事争议仲裁委员会以无管辖权为由对劳动争议案件不予受理，当事人提起诉讼的，人民法院按照以下情形分别处理： (1) 经审查认为该劳动人事争议仲裁委员会对案件确无管辖权的，应当告知当事人向有管辖权的劳动人事争议仲裁委员会申请仲裁； (2) 经审查认为该劳动人事争议仲裁委员会有管辖权的，应当告知当事人申请仲裁，并将审查意见书面通知该劳动人事争议仲裁委员会，劳动人事争议仲裁委员会仍不受理，当事人就该劳动争议事项提起诉讼的，应予受理。	2013.2.1
上海高院	上海高院关于社保缴费争议仲裁裁决裁审衔接有关事项的通知	◎ 自2014年7月1日起本市各级仲裁机构不再受理社会保险缴费争议。仲裁机构不再受理社会保险缴费争议后，对于当事人不服仲裁机构出具的不予受理通知书而根据《调解仲裁法》第二十九条之规定向人民法院提起诉讼的，人民法院裁定不予受理。 ◎ 仲裁机构就2014年7月1日以前受理的社会保险缴费争议作出的有效裁决书、调解书，人民法院应当依法立案、执行。	2014.7.1

（续表）

文　号	标　题	内　容　摘　要	执行时间
上海市人力资源和社会保障局沪人社仲[2014]380号	上海市关于本市各级仲裁机构不再受理社会保险缴费争议的通知	◎ 自2014年7月1日起，本市各级仲裁机构不再受理社会保险缴费争议案件。当事人应依据《社会保险法》、《劳动保障监察条例》、《社会保险费征缴暂行条例》等有关规定，通过向劳动保障监察机构投诉或请求社会保险经办机构依法处理的方式来解决社会保险缴费问题。	2014.7.1

二、劳动人事争议仲裁的申请和裁决

文　号	标　题	内　容　摘　要	执行时间
中华人民共和国主席令第80号	中华人民共和国劳动争议调解仲裁法	◎ 劳动争议申请仲裁的时效期间为1年。仲裁时效期间从当事人知道或者应当知道其权利被侵害之日起计算。 ◎ 劳动关系存续期间因拖欠劳动报酬发生争议的，劳动者申请仲裁不受前款规定的仲裁时效期间的限制；但是，劳动关系终止的，应当自劳动关系终止之日起1年内提出。 ◎ 下列劳动争议，除另有规定的外，仲裁裁决为终局裁决，裁决书自作出之日起发生法律效力： (1) 追索劳动报酬、工伤医疗费、经济补偿或者赔偿金，不超过当地月最低工资标准12个月金额的争议； (2) 因执行国家的劳动标准在工作时间、休息休假、社会保险等方面发生的争议； (3) 劳动者对上述(1)、(2)项规定的仲裁裁决不服的，可以自收到仲裁裁决书之日起15日内向人民法院提出诉讼。 ◎ 当事人对除上述(1)、(2)项规定以外的其他劳动争议案件的仲裁裁决不服的，可以自收到仲裁裁决书之日起15日内向人民法院提起诉讼；期满不起诉的，裁决书发生法律效力。	2008.5.1

（续表）

文　号	标　题	内　容　摘　要	执行时间
最高人民法院法释[2010]12号	关于审理劳动争议案件适用法律若干问题的解释(三)	◎ 劳动者依据调解仲裁法第四十七条第(一)项规定,追索劳动报酬、工伤医疗费、经济补偿或者赔偿金,如果仲裁裁决涉及数项,每项确定的数额均不超过当地月最低工资标准12个月金额的,应当按照终局裁决处理。 ◎ 劳动人事争议仲裁委员会作出的同一仲裁裁决同时包含终局裁决事项和非终局裁决事项,当事人不服该仲裁裁决向人民法院提起诉讼的,应当按照非终局裁决处理。 ◎ 劳动者依据调解仲裁法第四十八条规定向基层人民法院提起诉讼,用人单位依据调解仲裁法第四十九条规定向劳动人事争议仲裁委员会所在地的中级人民法院申请撤销仲裁裁决的,中级人民法院应不予受理;已经受理的,应当裁定驳回申请。	2010.9.14
最高人民法院法释[2013]4号	关于审理劳动争议案件适用法律若干问题的解释(四)	◎ 仲裁裁决的类型以仲裁裁决书确定为准。仲裁裁决书未载明该裁决为终局裁决或非终局裁决,用人单位不服该仲裁裁决向基层人民法院提起诉讼的,应当按照以下情形分别处理: (1) 经审查认为该仲裁裁决为非终局裁决的,基层人民法院应予受理; (2) 经审查认为该仲裁裁决为终局裁决的,基层人民法院不予受理,但应告知用人单位可以自收到不予受理裁定书之日起30日内向劳动人事争议仲裁委员会所在地的中级人民法院申请撤销该仲裁裁决;已经受理的,裁定驳回起诉。 ◎ 中级人民法院审理用人单位申请撤销终局裁决的案件,应当组成合议庭开庭审理。经过阅卷、调查和询问当事人,对没	2013.2.1

（续表）

文　号	标　题	内　容　摘　要	执行时间
最高人民法院法释［2013］4号	关于审理劳动争议案件适用法律若干问题的解释（四）	有新的事实、证据或者理由，合议庭认为不需要开庭审理的，可以不开庭审理。 ◎ 中级人民法院可以组织双方当事人调解。达成调解协议的，可以制作调解书。一方当事人逾期不履行调解协议的，另一方可以申请人民法院强制执行。	2013.2.1
最高人民法院法释［2013］23号	最高人民法院关于人事争议申请仲裁的时效期间如何计算的批复	◎ 依据《中华人民共和国劳动争议调解仲裁法》第二十七条第一款、第五十二条的规定，当事人自知道或者应当知道其权利被侵害之日起1年内申请仲裁，仲裁机构予以受理的，人民法院应予认可。	2013.9.22

第五部分　居住证管理

一、持居住证人员申办上海市常住户口

文　号	标　题	内　容　摘　要	执行时间
上海市人民政府沪府规[2019]45号	上海市人民政府关于印发《持有〈上海市居住证〉人员申办本市常住户口办法》的通知	◎ 持居住证人员申办本市常住户口应当同时符合下列条件： 1. 持有《上海市居住证》满7年； 2. 持证期间按规定参加本市城镇社会保险满7年； 3. 持证期间依法在本市缴纳个人所得税； 4. 在本市被聘为中级及以上专业技术职务或者具有技师(国家二级职业资格证书)以上职业资格，且专业、工种与所聘岗位相对应； 5. 符合国家及本市现行计划生育政策，无刑事犯罪记录等其他不宜转办常住户口的情形。 ◎ 申办本市常住户口的申请材料具体包括： 1. 有效身份凭证和《居住证持有人办理本市常住户口申请表》； 2. 本市区以上税务机关出具的个人所得税或企业纳税完税凭证； 3. 专业技术职务、职业资格凭证及相关聘用(劳动)合同； 4. 符合国家和本市现行计划生育政策及无刑事犯罪记录等情况的个人承诺； 5. 本人或者同意接受落户的单位、亲属的房屋相关产权证书或者租用居住公房凭证； 6. 相关部门要求提供的其他必要材料。	2020.1.1 ～ 2024.12.31

二、办理上海市居住证

文　号	标　题	内　容　摘　要	执行时间
上海市人民政府令第58号	上海市居住证管理办法	◎离开常住户口所在地，在本市办理居住登记满半年，符合有合法稳定就业、合法稳定住所、连续就读条件之一的境内来沪人员，可以依据本办法申领《居住证》。 ◎社区事务受理服务中心收到申办材料后，对材料齐全的，应当出具受理凭证，同时将材料移送公安部门；对材料不齐全的，应当当场一次性告知申请人补齐材料。 ◎对符合办理条件的，公安部门应当自受理日起15个工作日内制作《居住证》。因特殊情况不能按期制作的，制发《居住证》的时间最长不得超过30个工作日。《居住证》制作完毕后，由社区事务受理服务中心通知申请人领证。 ◎《居住证》每年签注一次。持证人应当在其《居住证》每届满1年前30日内，到社区事务受理服务中心办理签注手续。 　　持证人逾期未办理签注手续的，《居住证》使用功能中止；补办签注手续的，《居住证》使用功能恢复。 ◎有下列情形之一的，经有关部门认定后，由公安部门办理《居住证》注销手续： 　　（一）持证人在申办时提供虚假材料取得《居住证》的； 　　（二）持证人情况发生变更且不符合《居住证》办理要求的； 　　（三）持证人已转办本市常住户口的； 　　（四）法律、法规、规章规定的其他应当注销的情形。	2018.1.1

三、上海市居住证积分管理

文　号	标　题	内　容　摘　要	执行时间
上海市人民政府沪府发[2017]98号	上海市人民政府关于印发《上海市居住证积分管理办法》的通知	◎《居住证》积分指标体系由基础指标、加分指标、减分指标和一票否决指标组成。 ◎ 基础指标包含年龄、教育背景、专业技术职称和技能等级、在本市工作及缴纳职工社会保险年限等指标。 ◎ 加分指标包括创业人才、创新创业中介服务人才、紧缺急需专业、投资纳税或带动本地就业、缴纳职工社会保险费基数、特定的公共服务领域、远郊重点区域、全日制应届毕业生、表彰奖励、配偶为本市户籍人员等指标。 ◎ 减分指标包括提供虚假材料、行政拘留记录和一般刑事犯罪记录等指标。 ◎ 持证人有违反国家及本市计划生育政策规定行为记录或严重刑事犯罪记录的，取消申请积分资格。 ◎ 持证人和受委托的用人单位须提交的积分申请基本材料包括： 1. 持证人有效期内的《居住证》； 2.《上海市居住证积分申请表》； 3. 劳动(聘用)合同； 4. 承诺无违反国家和本市计划生育政策的材料； 5. 承诺无违法犯罪记录的材料； 6. 单位营业执照(事业单位法人登记证、社团法人或民办非企业法人证书等)及组织机构代码证书或统一社会信用代码证书和磁卡。 除上述积分申请基本材料外，持证人还应当提供与《居住证》积分指标项目对应的材料。 ◎ 个人在申请积分过程中，伪造、变造或者使用伪造、变造申请材料的，由公安部门按照《中华人民共和国治安管理处罚法》的相关规定处罚，有关失信信息纳入本市公共信用信息服务平台；情节严重的，3年内不得申请积分；构成犯罪的，依法追究刑事责任。	2018.1.1

（续表）

文　号	标　题	内　容　摘　要	执行时间
上海市人民政府沪府发[2017]98号	上海市人民政府关于印发《上海市居住证积分管理办法》的通知	单位在代办积分申请过程中伪造、变造或者使用伪造、变造申请材料的，由人力资源社会保障部门处3万元以上5万元以下罚款，有关失信信息纳入本市公共信用信息服务平台；情节严重的，3年内不得代办积分申请。对其直接负责的主管人员和其他直接责任人员，由公安部门按照《中华人民共和国治安管理处罚法》的相关规定处罚；构成犯罪的，依法追究刑事责任。	2018.1.1

四、海外人才居住证管理

文　号	标　题	内　容　摘　要	执行时间
上海市人民政府沪府发[2015]32号	上海市人民政府关于印发修订后的《上海市海外人才居住证管理办法》的通知	◎（适用对象）本办法适用于具有本科（学士）及以上学历（学位）或者特殊才能，在上海合法工作或者创业的人员，包括：加入外国国籍的留学人员；外国专家及其他外国高层次专业人才；持中国护照、拥有国外永久（长期）居留权且国内无户籍的留学人员和其他专业人才；香港、澳门特别行政区专业人才，台湾地区专业人才。 ◎ 申请海外人才居住证，应当提供下列材料： （1）申请表； （2）有效的身份证明； （3）学历学位证明、专业技术证书或者其他业绩证明材料； （4）在本市的住所证明； （5）有效的健康状况证明； （6）聘用（劳动）合同； （7）用人单位主体资格证明或者创业投资证明等材料； （8）工作（就业）期间缴纳个人所得税完税证明材料； （9）其他必要的证明材料。	2015.7.1

（续表）

文　号	标　题	内　容　摘　要	执行时间
上海市人力资源和社会保障局沪人社外发[2015]33号	关于印发《上海市海外人才居住证管理办法实施细则》的通知	◎ 首次申请《上海市居住证》B证（简称B证）需提供以下材料： （一）申请表，近期免冠照片一张； （二）有效身份证明，包括：有效护照（含签证）；港澳居民来往内地通行证及港、澳身份证；台湾居民来往大陆通行证及台湾身份证；国外永久（长期）居住证明； （三）最高学历（学位）证书及其他业绩证明材料（留学人员需同时提供由中国驻外使领馆教育处（组）出具的相关留学人员证明或国家教育部出具的《国（境）外学历学位认证书》）； （四）居住所在地派出所出具的《境外人员临时住宿登记单》或主申请人为权利人的房产证； （五）6个月内有效的上海国际旅行卫生保健中心出具的健康证明（持《外国专家证》、《台港澳人员就业证》的人员及70周岁以上人员免于提交）；持中国护照人员和签证类型为居留许可的外籍人员可以提供6个月内有效的本市二级（含）以上医院出具的健康证明； （六）待履行期限在12个月以上的聘用（劳动）合同（如系投资人，另需提供上一年度的审计报告）； （七）单位营业执照（事业单位法人登记证、社团法人或民办非企业法人证书等）及组织机构代码证书（如系外资性质企业，另需提供外商投资企业批准证书）；	2015.7.1

（续表）

文　号	标　题	内　容　摘　要	执行时间
上海市人力资源和社会保障局沪人社外发[2015]33号	关于印发《上海市海外人才居住证管理办法实施细则》的通知	（八）其他必要的证明材料。 ◎ 外籍人员和台港澳人员另需提供《外国专家证》或《台港澳人员就业证》。 ◎ 有随行人员办理B证的，另需提供以下材料： （一）随行人员的有效身份证明、健康证明（18周岁以下人员免于提交健康证明）； （二）结婚证明； （三）子女出生证明； （四）近期免冠照片一张。 所有材料均需提供复印件，验原件。 ◎ 首次申请办理流程 用人单位向受理机构提交申请材料。 受理机构收到申请材料后，对材料齐全且符合法定形式要求的，应当场受理，并出具书面受理凭证；对材料不齐全或者不符合法定形式要求的，应当场书面告知需要补正的全部材料。 受理机构应当自出具受理凭证之日起2个工作日内，将申请信息、材料移送市人力资源社会保障局（市外国专家局）。 市人力资源社会保障局（市外国专家局）自收到申请信息、材料之日起7个工作日内完成核定，并由受理机构负责将核定结果书面告知申请人。 核定通过的申请人凭通知至受理机构拍照，并领取《办理〈上海市居住证〉B证通知书》。 市社会保障卡服务中心按相关信息在10个工作日内完成制证。 申请人凭《办理〈上海市居住证〉B证通知书》至市公安局出入境管理局领证。	2015.7.1

第六部分　人力资源市场管理

一、人力资源服务机构

文　号	标　题	内　容　摘　要	执行时间
中华人民共和国国务院令第700号	人力资源市场暂行条例	◎公共人力资源服务机构提供下列服务，不得收费： （一）人力资源供求、市场工资指导价位、职业培训等信息发布； （二）职业介绍、职业指导和创业开业指导； （三）就业创业和人才政策法规咨询； （四）对就业困难人员实施就业援助； （五）办理就业登记、失业登记等事务； （六）办理高等学校、中等职业学校、技工学校毕业生接收手续； （七）流动人员人事档案管理； （八）县级以上人民政府确定的其他服务。 ◎经营性人力资源服务机构从事职业中介活动的，应当依法向人力资源社会保障行政部门申请行政许可，取得人力资源服务许可证。 经营性人力资源服务机构开展人力资源供求信息的收集和发布、就业和创业指导、人力资源管理咨询、人力资源测评、人力资源培训、承接人力资源服务外包等人力资源服务业务的，应当自开展业务之日起15日内向人力资源社会保障行政部门备案。 经营性人力资源服务机构从事劳务派遣业务的，执行国家有关劳务派遣的规定。 ◎人力资源社会保障行政部门应当自收到经营性人力资源服务机构从事职业中介活动的申请之日起20日内依法作出行政许可决定。符合条件的，颁发人力资源服务许可证；不符合条件的，作出不予批准的书面决定并说明理由。	2018.10.1

二、人力资源市场活动规范

文　号	标　题	内　容　摘　要	执行时间
中华人民共和国国务院令第700号	人力资源市场暂行条例	◎ 用人单位发布或者向人力资源服务机构提供的单位基本情况、招聘人数、招聘条件、工作内容、工作地点、基本劳动报酬等招聘信息，应当真实、合法，不得含有民族、种族、性别、宗教信仰等方面的歧视性内容。 　　用人单位自主招用人员，需要建立劳动关系的，应当依法与劳动者订立劳动合同，并按照国家有关规定办理社会保险等相关手续。 ◎ 人力资源服务机构接受用人单位委托招聘人员或者开展其他人力资源服务，不得采取欺诈、暴力、胁迫或者其他不正当手段，不得以招聘为名牟取不正当利益，不得介绍单位或者个人从事违法活动。 ◎ 人力资源服务机构举办现场招聘会，应当制定组织实施办法、应急预案和安全保卫工作方案，核实参加招聘会的招聘单位及其招聘简章的真实性、合法性，提前将招聘会信息向社会公布，并对招聘中的各项活动进行管理。 　　举办大型现场招聘会，应当符合《大型群众性活动安全管理条例》等法律法规的规定。 ◎ 人力资源服务机构发布人力资源供求信息，应当建立健全信息发布审查和投诉处理机制，确保发布的信息真实、合法、有效。 　　人力资源服务机构在业务活动中收集用人单位和个人信息的，不得泄露或者违法使用所知悉的商业秘密和个人信息。 ◎ 经营性人力资源服务机构接受用人单位委托提供人力资源服务外包的，不得改变用人单位与个人的劳动关系，不得与用人单位串通侵害个人的合法权益。 ◎ 人力资源服务机构应当加强内部制度建设，健全财务管理制度，建立服务台账，如实记录服务对象、服务过程、服务结果等信息。服务台账应当保存 2 年以上。	2018.10.1

三、法律责任

文　号	标　题	内　容　摘　要	执行时间
中华人民共和国国务院令第700号	人力资源市场暂行条例	◎ 违反本条例第十八条第一款规定，未经许可擅自从事职业中介活动的，由人力资源社会保障行政部门予以关闭或者责令停止从事职业中介活动；有违法所得的，没收违法所得，并处1万元以上5万元以下的罚款。 违反本条例第十八条第二款规定，开展人力资源服务业务未备案，违反本条例第二十条、第二十一条规定，设立分支机构、办理变更或者注销登记未书面报告的，由人力资源社会保障行政部门责令改正；拒不改正的，处5 000元以上1万元以下的罚款。 ◎ 违反本条例第二十四条、第二十七条、第二十八条、第二十九条、第三十条、第三十一条规定，发布的招聘信息不真实、不合法，未依法开展人力资源服务业务的，由人力资源社会保障行政部门责令改正；有违法所得的，没收违法所得；拒不改正的，处1万元以上5万元以下的罚款；情节严重的，吊销人力资源服务许可证；给个人造成损害的，依法承担民事责任。违反其他法律、行政法规的，由有关主管部门依法给予处罚。 ◎ 未按照本条例第三十二条规定明示有关事项，未按照本条例第三十三条规定建立健全内部制度或者保存服务台账，未按照本条例第三十六条规定提交经营情况年度报告的，由人力资源社会保障行政部门责令改正；拒不改正的，处5 000元以上1万元以下的罚款。违反其他法律、行政法规的，由有关主管部门依法给予处罚。	2018.10.1

第七部分　工会　集体协商　民主管理

第二十一章　工　会

一、工会组织

文　号	标　题	内　容　摘　要	执行时间
全国人民代表大会主席令第57号	中华人民共和国工会法	◎ 企业、事业单位、机关有会员二十五人以上的，应当建立基层工会委员会。 企业工会委员会由会员大会或会员代表大会差额选举产生，选举结果报上一级工会批准，每届任期三年或者五年。 ◎ 上级工会可以派员帮助和指导企业职工组建工会，任何单位和个人不得阻挠。任何组织和个人不得随意撤销、合并工会组织。	1992.4.3，2001.10.27第一次修正 2009.8.27第二次修正

二、工会经费及财产

文　号	标　题	内　容　摘　要	执行时间
全国人民代表大会主席令第57号	中华人民共和国工会法	◎ 建立工会组织的企业、事业单位、机关按每月全部职工工资总额的百分之二向工会拨缴经费。 ◎ 工会的财产、经费和国家拨给工会使用的不动产，任何组织和个人不得侵占、挪用和任意调拨。工会所属的为职工服务的企业、事业单位，其隶属关系不得随意改变。	1992.4.3，2001.10.27第一次修正 2009.8.27第二次修正
中国工会第十六次全国代表大会	中国工会章程	◎ 工会组织合并，其经费资产归合并后的工会所有；工会组织撤销或者解散，其经费资产由上级工会处置。	2013.10.22

三、工会工作者活动保障

文　号	标　题	内　容　摘　要	执行时间
全国人民代表大会主席令第57号	中华人民共和国工会法	◎ 工会主席、副主席任期未满时，不得随意调动其工作。因工作需要调动时，应当征得本级工会委员会和上一级工会的同意。罢免工会主席、副主席必须召开会员大会或者会员代表大会讨论，非经会员大会全体会员或者会员代表大会全体代表过半数通过，不得罢免。 ◎ 基层工会专职主席、副主席或者委员自任职之日起，其劳动合同期限自动延长，延长期限相当于其任职期间；非专职主席、副主席或者委员自任职之日起，其尚未履行的劳动合同期限短于任期的，劳动合同期限自动延长至任期期满。 ◎ 基层工会的非专职委员占用生产或者工作时间参加会议或者从事工会工作，每月不超过三个工作日，其工资照发，其他待遇不受影响。 ◎ 企业、事业单位、机关工会委员会的专职工作人员的工资、奖励、补贴，由所在单位支付。社会保险和其他福利待遇等，享受本单位职工同等待遇。	1992.4.3， 2001.10.27第一次修正 2009.8.27第二次修正

第二十二章　集体协商与集体合同

一、集体协商

文　号	标　题	内　容　摘　要	执行时间
上海市第十二届人民代表大会常务委员会第三十八次会议通过	上海市集体合同条例	◎ 协商代表具体人数由双方协商确定，但每方协商代表人数不得少于三人，企业一方的协商代表不得多于职工一方的协商代表。 ◎ 已经建立工会的企业，职工一方的协商代表由本企业工会选派，建立女职工委员会的，应当有女性协商代表。首席代表由工会主要负责人担任。 　　尚未建立工会的企业，职工一方的协商代表由上级工会指导职工民主推荐，并经本企业半数以上职工同意，首席代表由协商代表民主推荐产生。 ◎ 企业一方的协商代表由企业法定代表人指派，首席代表由法定代表人或者其书面委托的人担任。 ◎ 集体协商双方根据实际需要可以聘请本企业以外的专业人员担任本方协商代表，但其人数不得超过本方协商代表人数的三分之一。 ◎ 协商代表履行代表职责的期限，由被代表方确定，但最长至集体合同期满时为止；因集体协商达不成一致或者未能签订集体合同的，协商代表履行代表职责的期限为自担任协商代表起六个月。 ◎ 本企业产生的协商代表在工作时间内参加集体协商，以及在履职期限内利用不超过三个工作日的工作时间，从事搜集与集体协商有关资料等活动，视为提供了正常劳动，工资及各项福利不受影响。	2008.1.1，2015.6.18修正

（续表）

文　号	标　题	内　容　摘　要	执行时间
上海市第十二届人民代表大会常务委员会第三十八次会议通过	上海市集体合同条例	◎ 职工一方的协商代表在履行代表职责期间，企业无正当理由不得变更其工作岗位。 ◎ 集体协商双方的任何一方均可以向对方以书面形式提出进行集体协商的建议。另一方在收到集体协商建议书之日起十五日内应当给予书面答复，拒绝集体协商的，应当有正当的理由。 集体协商的任何一方因下列事项向对方提出集体协商建议的，另一方不得拒绝或者拖延： （一）需要裁减人员二十人以上或者裁减不足二十人但占企业职工总数百分之十以上的； （二）劳动纠纷导致群体性停工、上访的； （三）生产过程中发现存在重大事故隐患或者职业危害的。 ◎ 在进行集体协商期间，企业及其职工应当维护本企业正常的生产、工作秩序，不得采取任何影响生产、工作秩序或者社会稳定的行为。 企业不得采取下列行为： （一）限制职工一方协商代表的人身自由，或者对其进行侮辱、威胁、恐吓、暴力伤害； （二）拒绝或者阻碍职工进入劳动场所、拒绝提供生产工具或者其他劳动条件； （三）拒绝提供与集体协商议题相关的资料或者提供虚假资料； （四）其他干扰、阻碍集体协商的行为。 职工不得采取下列行为： （一）限制企业一方人员的人身自由，或者对其进行侮辱、威胁、恐吓、暴力伤害；	2008.1.1，2015.6.18修正

（续表）

文　号	标　题	内　容　摘　要	执行时间
上海市第十二届人民代表大会常务委员会第三十八次会议通过	上海市集体合同条例	（二）违反劳动合同约定，不完成劳动任务，或者以各种方式迫使企业其他员工离开工作岗位； （三）破坏企业设备、工具等扰乱企业正常生产、工作秩序和社会公共秩序的行为； （四）其他干扰、阻碍集体协商的行为。 ◎ 职工一方或者企业一方无正当理由拒绝或者拖延另一方的集体协商要求，或者双方在集体协商过程中不能达成一致或者签订集体合同的，职工一方可以提请上级工会、企业一方可以提请企业方面代表进行指导。经指导仍未能达成一致的，集体协商的任何一方可以提请人力资源社会保障部门协调处理。	2008.1.1，2015.6.18 修正

二、集体合同

文　号	标　题	内　容　摘　要	执行时间
劳动和社会保障部令第 22 号	集体合同规定	◎ 经双方协商代表协商一致的集体合同草案或专项集体合同草案应当提交职工代表大会或者全体职工讨论。 ◎ 职工代表大会或者全体职工讨论集体合同草案或专项集体合同草案，应当有 2/3 以上职工代表或者职工出席，且须经全体职工代表半数以上或者全体职工半数以上同意，集体合同草案或专项集体合同草案方获通过。 ◎ 集体合同或专项集体合同签订或变更后，应当自双方首席代表签字之日起 10 日内，由用人单位一方将文本一式三份报送劳动保障行政部门审查。	2004.5.1

（续表）

文　号	标　题	内　容　摘　要	执行时间
劳动和社会保障部令第22号	集体合同规定	劳动保障行政部门自收到文本之日起15日内未提出异议的，集体合同或专项集体合同即行生效。 ◎ 生效的集体合同或专项集体合同，应当自其生效之日起由协商代表及时以适当的形式向本方全体人员公布。	2004.5.1
上海市第十二届人民代表大会常务委员会第三十八次会议通过	上海市集体合同条例	◎ 集体合同期限一般为一至三年，工资专项集体合同期限一般为一年。 ◎ 集体合同约定的劳动条件、劳动报酬等标准不得低于国家和市人民政府规定的最低标准。 企业与职工个人签订的劳动合同约定的劳动条件和劳动报酬等标准，或者企业规章制度规定的劳动条件和劳动报酬等标准，不得低于集体合同的规定。 依法订立的行业性、区域性集体合同对认可该集体合同的企业及其职工具有约束力，企业与其职工签订的集体合同及劳动合同中约定的劳动条件、劳动报酬等标准不得低于行业性、区域性集体合同约定的标准。 ◎ 企业违反集体合同，侵犯职工劳动权益的，工会可以依法要求企业承担责任；因履行集体合同发生争议，经协商解决不成的，工会可以依法申请仲裁、提起诉讼。	2008.1.1，2015.6.18修正

第二十三章　职工代表大会

一、职工代表大会制度

文　号	标　题	内　容　摘　要	执行时间
上海市人民代表大会常务委员会公告第30号	上海市职工代表大会条例	◎ 企事业单位应当建立职工代表大会制度。 职工人数在一百人以上的企事业单位应当召开职工代表大会；职工人数不足一百人的企事业单位一般召开职工大会。 ◎ 企事业单位的工会是职工代表大会的工作机构，承担职工代表大会的日常工作。 ◎ 职工代表大会依法行使审议建议、审议通过、审查监督、民主选举、民主评议等职权。 ◎ 职工代表大会每届任期为三年至五年。职工代表大会因故需要延期换届的，延期时间不得超过一年。 职工代表大会每年至少召开一次会议。企事业单位、工会或者三分之一以上职工代表提议，可以召开职工代表大会。 ◎ 职工代表大会须有全体职工代表三分之二以上出席，方可召开。 职工代表大会审议通过事项，应采取无记名投票方式，并须获得全体职工代表半数以上赞成票方可通过。 职工代表大会审议通过的事项和决议应当在职工代表大会闭会后向全体职工公布。	2011.5.1 2017.11.23修正

二、职工代表

文号	标题	内容摘要	执行时间
上海市人民代表大会常务委员会公告第30号	上海市职工代表大会条例	◎职工代表由职工民主选举产生。选举职工代表一般以分公司、分院(校)、部门、班组、科室等为选区。选举应当有选区全体职工三分之二以上参加，候选人获得选区全体职工半数以上赞成票方可当选。选举结果应当公布。 ◎职工代表的构成应当以一线职工为主体，中、高层管理人员不超过百分之二十，但跨地区、跨行业的大型集团型企业的比例可以适当提高。女职工代表比例一般与本单位女职工人数所占比例相适应。 ◎企事业单位职工代表大会的职工代表名额，按照下列规定确定：(一)职工人数在一百人至三千人的，职工代表名额以三十名为基数，职工人数每增加一百人，职工代表名额增加不得少于五名；(二)职工人数在三千人以上的，职工代表名额不得少于一百七十五名；(三)职工人数不足一百人，实行职工代表大会制度的，职工代表名额不得少于三十名。	2011.5.1 2017.11.23修正
上海市总工会沪工总民[2012]83号	关于印发《上海市职工代表大会工作规范》的通知	◎与企事业单位建立劳动关系和聘用关系的职工、劳务派遣人员、上级委派或由董事会聘任的经营管理人员可以当选为职工代表。	2012.3.27

三、违反职代会条例法律责任

文　号	标　题	内　容　摘　要	执行时间
上海市人民代表大会常务委员会公告第30号	上海市职工代表大会条例	◎ 法律法规规定应当提交职工代表大会审议通过的事项，未按照法定程序提交审议通过的，企事业单位就该事项作出的决定对本单位职工不具有约束力。 职工代表大会在其职权范围内审议通过的事项对本单位以及全体职工具有约束力，未经职工代表大会重新审议通过不得变更。	2011.5.1 2017.11.23 修正
上海市总工会沪工总民[2014]144号	违反《上海市职工代表大会条例》公共信用信息收集报送管理暂行办法	◎ 企业违反《上海市职工代表大会条例》规定，有下列行为之一的： （一）阻挠建立职工代表大会制度的；（二）妨碍职工代表大会依法行使职权的；（三）应当提交职工代表大会审议和审议通过的事项，未按照法定程序提交，给职工造成损害的；（四）擅自变更或者拒不执行职工代表大会决议并侵害职工权益的。 由市或区、县总工会向该企业发出《上海工会〈上海市职工代表大会条例〉监督检查整改意见书》，整改期限一般不超过三个月。企业逾期不改正的，市或区、县总工会可以根据需要向同级国有资产、教育、卫生等主管部门和人力资源社会保障等行政管理部门发出《上海工会〈上海市职工代表大会条例〉监督检查处理建议书》，同时抄报同级人大内司委备案。 市总工会依据有关规定向市信用中心报送信息，同时向该企业发出《纳入上海市公共信用信息服务平台告知书》并通报相关新闻媒体。	2014.6.27

第八部分 “新冠”疫情期间劳动用工政策

一、春节延长假期及延迟复工

文　号	标　题	内　容　摘　要	执行时间
国务院办公厅国办发明电［2020］1号	关于延长2020年春节假期的通知	◎ 延长2020年春节假期至2月2日(农历正月初九,星期日),2月3日(星期一)起正常上班。 ◎ 因疫情防控不能休假的职工,应根据《中华人民共和国劳动法》规定安排补休,未休假期的工资报酬应按照有关政策保障落实。	2020.1.26
上海市人力资源和社会保障局沪人社办［2020］38号	关于应对新型冠状病毒感染肺炎疫情实施支持保障措施的通知	◎ 对于在延长春节假期期间提供正常劳动的职工,企业应安排补休或按规定支付加班工资。企业因受疫情影响要求职工推迟复工,在一个工资支付周期内的,应按劳动合同规定的标准支付职工工资;超过一个工资支付周期的,支付的工资不得低于本市最低工资标准。 ◎ 企业因受疫情影响导致生产经营困难的,可以通过与职工协商一致采取调整薪酬、轮岗轮休、缩短工时等方式稳定工作岗位,尽量不裁员或者少裁员。	2020.1.27
上海市人民政府沪府发［2020］1号	关于延迟本市企业复工和学校开学的通知	◎ 本市区域内各类企业不早于2月9日24时前复工。涉及保障城市运行必需(供水、供气、供电、通讯等行业)、疫情防控必需(医疗器械、药品、防护品生产和销售等行业)、群众生活必需(超市卖场、食品生产和供应等行业)及其他涉及重要国计民生的相关企业除外。	2020.1.27

二、疫情防控期间劳动用工问题

文 号	标 题	内 容 摘 要	执行时间
人力资源社会保障部人社厅明电[2020]5号	关于妥善处理新型冠状病毒感染的肺炎疫情防控期间劳动关系问题的通知	◎ 对新型冠状病毒感染的肺炎患者、疑似病人、密切接触者在其隔离治疗期间或医学观察期间以及因政府实施隔离措施或采取其他紧急措施导致不能提供正常劳动的企业职工,企业应当支付职工在此期间的工作报酬,并不得依据劳动合同法第四十条、四十一条与职工解除劳动合同。在此期间,劳动合同到期的,分别顺延至职工医疗期期满、医学观察期期满、隔离期期满或者政府采取的紧急措施结束。 ◎ 企业因受疫情影响导致生产经营困难的,可以通过与职工协商一致采取调整薪酬、轮岗轮休、缩短工时等方式稳定工作岗位,尽量不裁员或者少裁员。符合条件的企业,可按规定享受稳岗补贴。企业停工停产在一个工资支付周期内的,企业应按劳动合同规定的标准支付职工工资。超过一个工资支付周期的,若职工提供了正常劳动,企业支付给职工的工资不得低于当地最低工资标准。职工没有提供正常劳动的,企业应当发放生活费,生活费标准按各省、自治区、直辖市规定的办法执行。	2020.1.24
人力资源社会保障部办公厅人社厅函[2020]33号	关于订立电子劳动合同有关问题的函	◎ 用人单位与劳动者协商一致,可以采用电子形式订立书面劳动合同。采用电子形式订立劳动合同,应当使用符合电子签名法等法律法规规定的可视为书面形式的数据电文和可靠的电子签名。用人单位应保证电子劳动合同的生成、传递、储存等满足电子签名法等法律法规规定的要求,确保其完整、准确、不被篡改。符合劳动合同法规定和上述要求的电子劳动合同一经订立即具有法律效力,用人单位与劳动者应当按照电子劳动合同的约定,全面履行各自的义务。	2020.3.4

三、减轻企业负担若干政策

文　号	标　题	内 容 摘 要	执行时间
上海市人力资源和社会保障局、上海市财政局沪人社规〔2020〕14号	关于延长本市阶段性减免企业社会保险费政策实施期限等问题的通知	◎ 免征中小微企业基本养老保险、失业保险、工伤保险(以下简称"三项社会保险")单位缴费的政策,延长执行到2020年12月底;减半征收大型企业等其他参保单位(不包括机关事业单位)三项社会保险单位缴费的政策,延长执行到2020年6月底。 在减免期内新开工的工程建设项目,按照《关于本市工程建设项目实施阶段性减免工伤保险费的通知》(沪人社福〔2020〕169号)规定,享受阶段性减免工伤保险费政策,减免期间参照上款规定执行。 ◎ 受疫情影响生产经营出现严重困难的企业,可按有关规定继续缓缴社会保险费至2020年12月底,缓缴期间免收滞纳金。 ◎ 2020年度(指社会保险缴费年度,下同)本市社会保险个人缴费基数下限继续执行2019年度个人缴费基数下限标准,个人缴费基数上限按规定正常调整。 ◎ 有雇工的个体工商户以单位方式参加三项社会保险的,继续参照企业办法享受单位缴费减免和缓缴政策。 ◎ 以个人身份参加企业职工基本养老保险的个体工商户和各类灵活就业人员,2020年缴纳基本养老保险费确有困难的,可自愿暂缓缴费。2021年可继续缴费,缴费年限累计计算;对2020年未缴费月度,可于2021年底前进行补缴,缴费基数在补缴时点本市个人缴费基数上下限范围内自主选择。	2020.6.30

(续表)

文　号	标　题	内　容　摘　要	执行时间
人力资源社会保障部、财政部、税务总局人社部发〔2020〕11号	关于阶段性减免企业社会保险费的通知	◎ 自2020年2月起,各省、自治区、直辖市(除湖北省外)及新疆生产建设兵团(以下统称省)可根据受疫情影响情况和基金承受能力,免征中小微企业基本养老保险、失业保险、工伤保险(以下简称“三项社会保险”)单位缴费部分,免征期限不超过5个月;对大型企业等其他参保单位(不含机关事业单位)三项社会保险单位缴费部分可减半征收,减征期限不超过3个月。 ◎ 自2020年2月起,湖北省可免征各类参保单位(不含机关事业单位)三项社会保险单位缴费部分,免征期限不超过5个月。 ◎ 受疫情影响生产经营出现严重困难的企业,可申请缓缴社会保险费,缓缴期限原则上不超过6个月,缓缴期间免收滞纳金。	2020.2.20
上海市人力资源和社会保障局沪人社办〔2020〕44号	关于支持新型冠状病毒感染的肺炎疫情防控减轻企业负担若干政策的通知	◎ 继续实施失业保险稳岗返还政策。2020年,继续对不裁员、少减员、符合条件的用人单位返还单位及其职工上年度实际缴纳失业保险费总额的50%。 ◎ 调整职工社会保险缴费年度。2020年起,本市职工社会保险缴费年度起止日期调整为当年7月1日至次年6月30日。2019年本市职工社会保险缴费年度顺延至2020年6月30日。 ◎ 可延长社会保险缴费期。因受疫情影响,对本市社会保险参保单位、灵活就业人员和城乡居民未能按时办理参保登记、缴纳社会保险费等业务的,允许其在疫情结束后补办。参保单位逾期缴纳社会保险费的,在向本市社保经办机构报备后,不收取滞纳金,不影响参保职工个人权益记录,相关补缴手续可在疫情解除后3个月内完成。	2020.2.4

(续表)

文　号	标　题	内　容　摘　要	执行时间
上海市住房公积金管理委员会沪公积金管委会[2020]1号	关于本市妥善应对新冠肺炎疫情实施住房公积金阶段性支持政策的通知	◎ 落实缓缴政策。2020年6月30日前，住房公积金缴存企业因受疫情影响，无法按时足额缴存住房公积金的，经企业职工代表大会或者工会讨论通过后，可以向上海市公积金管理中心申请缓缴。缓缴期限为2020年2月至6月(企业已汇缴2月住房公积金的，缓缴期限为2020年3月至6月)。缓缴期间，不对企业作欠缴处理，不影响企业征信；职工的住房公积金缴存时间连续计算，不影响职工正常提取和申请住房公积金贷款；职工需办理账户转移或者销户提取的，企业应当先为其办理补缴。缓缴期限届满后，企业应当恢复缴存。对于缓缴期间的住房公积金，企业应与职工协商制定并报备补缴方案，补缴金额按照缓缴前的缴存基数和缴存比例计算确定。 ◎ 继续执行降低缴存比例政策。2020年6月30日前，对受疫情影响导致生产经营困难的企业，可以根据《上海市降低住房公积金缴存比例或缓缴住房公积金管理办法》(沪公积金管委会[2018]7号)等相关规定，向市公积金中心申请降低住房公积金缴存比例至5%以下。市公积金中心将加快受理审批，办理时限从10个工作日缩减至5个工作日。	2020.3.2
上海市人力资源和社会保障局、上海市财政局沪人社规[2020]2号	关于继续阶段性降低本市城镇职工社会保险费率的通知	◎ 继续阶段性降低失业保险费率 从2020年5月1日至2021年4月30日，本市失业保险继续执行1%的缴费比例，其中单位缴费比例0.5%，个人缴费比例0.5%。 ◎ 继续阶段性降低工伤保险费率 从2020年5月1日至2021年4月30日，本市一类至八类行业用人单位工伤保险基准费率，继续在国家规定的行业基准费率基础上下调20%。 社会保险经办机构按照规定考核用人单位浮动费率时，按照调整后的行业基准费率执行。	2020.5.1～2021.4.30

(续表)

文　号	标　题	内　容　摘　要	执行时间
上海市医疗保障局、上海市财政局、上海市人力资源和社会保障局沪医保规[2020]1号	关于阶段性减征本市企业职工基本医疗保险费的通知	◎ 2020年2月—6月，企业参加职工基本医疗保险(含生育保险)单位缴费部分按5.25%的比例缴费；个人缴费比例不作调整。	2020.3.5～2020.6.30

四、工伤认定

文　号	标　题	内　容　摘　要	执行时间
人力资源社会保障部人社部函[2020]11号	关于因履行工作职责感染新型冠状病毒肺炎的医护及相关工作人员有关保障问题的通知	◎ 在新型冠状病毒肺炎预防和救治工作中，医护及相关工作人员因履行工作职责，感染新型冠状病毒肺炎或因感染新型冠状病毒肺炎死亡的，应认定为工伤，依法享受工伤保险待遇。 ◎ 已参加工伤保险的上述工作人员发生的相关费用，由工伤保险基金和单位按工伤保险有关规定支付；未参加工伤保险的，由用人单位按照法定标准支付，财政补助单位因此发生的费用，由同级财政予以补助。	2020.1.23

五、劳动争议案件处理

文　号	标　题	内　容　摘　要	执行时间
上海市高级人民法院、上海市人力资源和社会保障局沪高法[2020]203号	关于疫情影响下劳动争议案件处理相关指导的意见	◎ 关于延长的3天春节假期劳动者未按用人单位要求加班是否属于旷工、如劳动者加班工资应如何支付的问题 为加强新冠肺炎疫情防控、阻断疫情传播，国务院通知2020年春节假期延长至2月2日，即比原安排多休息3天。对于少数用人单位出于防控、保障国计民生或其他生产经营需要，要求劳动者在	2020.4.13

（续表）

文　号	标　题	内　容　摘　要	执行时间
上海市高级人民法院、上海市人力资源和社会保障局沪高法[2020]203号	关于疫情影响下劳动争议案件处理相关指导的意见	延长的3天春节假期内提供正常劳动，如劳动者拒绝，用人单位可否以旷工为由解除劳动合同的问题。我们认为，国家延长2020年春节假期是为了应对疫情防控采取的特殊措施，如用人单位要求劳动者在这3天内加班，应参照《劳动法》第41条规定的加班原则与工会和劳动者协商一致。在未协商一致的情况下，用人单位一般不得以旷工为由解除劳动合同。 根据人社部、全国总工会、中国企联/中国企业家协会、全国工商联等四部门《关于做好新型冠状病毒感染肺炎疫情防控期间稳定劳动关系支持企业复工复产的意见》【人社部发(2020)8号，以下简称8号文】的相关规定，参照《人力资源和社会保障部关于2015年9月3日放假期间安排劳动者工作工资计发问题的通知》【人社部发(2015)74号】，对于因疫情防控在延长的春节假期内不能休假的职工，指导用人单位应先安排补休。不能安排补休的，依法支付百分之二百的加班工资。 ◎关于受疫情影响停工停产超过一个工资支付周期是否需要支付劳动者工资的问题 受疫情影响导致用人单位停工停产与用人单位因经营、管理不善导致停工停产不同，并非劳动者或用人单位一方原因所致。对于停工停产期间的待遇支付标准可以通过用人单位与职代会、工会或职工代表进行民主协商的方式确定；如不能达成一致意见的，可按《人力资源和社会保障部办公厅关于妥善处理新型冠状病毒感染的肺炎疫情防控期间	2020.4.13

（续表）

文　号	标　题	内　容　摘　要	执行时间
上海市高级人民法院、上海市人力资源和社会保障局沪高法[2020]203号	关于疫情影响下劳动争议案件处理相关指导的意见	劳动关系问题的通知》【人社厅明电(2020)5号】和8号文规定，用人单位停工停产超过一个工资支付周期的，用人单位应当与劳动者协商支付相应的生活费。如少数劳动者在停工停产期间提供正常劳动的，用人单位应当按规定支付不低于上海市最低工资标准的工资。 ◎ 关于劳动合同解除和经济补偿支付的问题 　　用人单位或劳动者以受疫情影响为由，要求解除劳动合同的，应重点审查当事人要求解除劳动合同的理由。对于确受疫情影响劳动者无法及时返岗复工、用人单位未能及时足额支付劳动报酬、未依法缴纳社会保险等情形，应审慎处理，尽可能通过和解、调解等方式化解矛盾纠纷，稳定劳动关系，不宜轻易判决解除劳动合同。 　　一些用人单位如受疫情影响未及时足额支付工资、未依法缴纳社会保险，经审查该未支付或未缴纳行为确非用人单位主观原因造成，对于劳动者依据《劳动合同法》第38、46条规定要求支付经济补偿的请求，应坚持审慎处理的原则，一般不宜支持。 ◎ 关于受疫情影响用人单位调岗降薪、延迟支付工资是否属于劳动合同变更的问题 　　在疫情防控的特殊时期，保障用人单位有序复工复产复市，尽可能减轻用人单位生产经营压力、稳定劳动者工作岗位和保障就业，是当前的首要任务。对于用人单位按照法定程序通过与职代会、工会、职工代表进行民主协商的方式对调岗降薪、延迟支付工资、轮岗轮休、停	2020.4.13

（续表）

文 号	标 题	内 容 摘 要	执行时间
上海市高级人民法院、上海市人力资源和社会保障局沪高法[2020]203号	关于疫情影响下劳动争议案件处理相关指导的意见	工停产等事项达成一致意见，且该意见公平合理、仅适用于疫情期间的，可以作为裁审依据。 ◎ 关于劳动合同在隔离期间到期是否可以终止的问题 如劳动者系新冠肺炎患者、疑似病人、密切接触者，根据相关规定被采取隔离观察、医学观察或其他紧急措施，在此期间劳动合同到期的，劳动合同期限可以顺延至隔离期、医学观察期或其他紧急措施期满时终止。 ◎ 关于“共享用工”法律关系的问题 疫情期间，“共享用工”等新型灵活用工模式，在一定程度上缓解了用人单位的用工压力和劳动者的就业压力，起到了多方共赢的效果。在处理相关纠纷时，要注意区分共享用工、劳务派遣、劳务外包等的差别。对于借出单位（即与劳动者存在劳动关系的用人单位）非以营利为目的，与借入单位、劳动者三方在疫情期间签订员工借调协议，约定劳动者在疫情期间为借入单位提供劳动，疫情结束后回到借出单位工作的，不应认定借出单位、借入单位、劳动者三者之间形成双重劳动关系。借调期间劳动者与借出单位仍为单一劳动关系，双方劳动权利义务不变。 ◎ 关于受疫情影响仲裁时效和起诉期间如何计算的问题 当事人提供患新冠肺炎、疑似新冠肺炎或因疫情防控被隔离等受疫情影响的证据，证明其无法在《劳动争议调解仲裁法》第 27 条规定的仲裁时效内申请仲裁或无法在《劳动争议调解仲裁法》第 48 条规定的期间内向法院提起诉讼，主张仲	2020.4.13

（续表）

文号	标题	内容摘要	执行时间
上海市高级人民法院、上海市人力资源和社会保障局沪高法[2020]203号	关于疫情影响下劳动争议案件处理相关指导的意见	裁时效或起诉期间扣除受疫情影响期间的，原则上应予以支持。 根据《传染病防治法》和市政府相关防疫政策规定，新冠肺炎疫情防控期间，原则上可以将政府采取的疫情防控政策理解为不可抗力。当事人因受疫情影响，不能正常参加仲裁或诉讼活动的，可以根据《民法总则》《民事诉讼法》《突发事件应对法》等相关规定，适用有关仲裁时效中止和仲裁、诉讼程序中止的规定，但法律另有规定的除外。	2020.4.13

第九部分　其　　他

一、就业援助

文　号	标　题	内　容　摘　要	执行时间
上海市人力资源和社会保障局沪人社就发[2016]54号	关于进一步做好本市就业援助工作的若干意见	◎“就业困难人员”主要是指法定劳动年龄段内有一定劳动能力且就业愿望迫切,但因自身就业条件差而难以实现市场化就业,连续处于实际失业状态6个月以上的下列本市户籍人员: （一）大龄失业人员、协保人员、离土农民; （二）零就业家庭成员; （三）低收入困难家庭成员或享受最低生活保障家庭成员; （四）中度及以上残疾、部分丧失劳动能力的人员或一户多残家庭成员; （五）大龄或领取生活费补贴期满的被征地人员; （六）缺乏工作经验,处于实际失业状态一年以上,且经公共就业服务机构服务半年以上,多次推荐就业岗位仍未实现就业的35岁以下青年; （七）刑满释放、戒毒康复等有特殊困难的其他人员。 ◎对于不符合上述七种类型规定,愿意到绿化市容、物业管理、涉老服务、邮政快递、养护服务等市政府认定的特定行业相关用人单位以及涉农单位(涉农企业和区县级及以上示范农民合作社)一线非管理类工作岗位就业的本市户籍劳动力,可以申请认定为“特定就业困难人员”。 ◎本市企事业单位、社会团体、民办非企业、个体工商户等用人单位(劳务派遣公	2017.1.1 ～ 2021.12.31

（续表）

文　号	标　题	内　容　摘　要	执行时间
上海市人力资源和社会保障局沪人社就发[2016]54号	关于进一步做好本市就业援助工作的若干意见	司除外)吸纳经认定的“就业困难人员”，安排在一线非管理类工作岗位就业并签订一年以上劳动合同，办理用工登记备案手续和缴纳社会保险费的，可按规定申请补贴。 　　其中，吸纳的“就业困难人员”属于协保人员的，可申请按月享受岗位补贴；吸纳的“就业困难人员”属于其他人员的，可申请按月享受岗位补贴和社会保险费补贴。岗位补贴的标准为本市月最低工资标准的50%，社会保险费补贴标准为以本市上年度职工月平均工资60%作为基数计算的养老、医疗和失业保险缴费额中用人单位承担部分的50%。 　　对于同一名“就业困难人员”，上述补贴与本意见出台前用人单位享受的一次性补贴的期限累计一般不超过3年，补贴期满且该“就业困难人员”距法定退休年龄不足2年的，补贴期限最长可延长至该“就业困难人员”到达法定退休年龄。 　　特定行业用人单位(劳务派遣公司除外)吸纳“特定就业困难人员”的，可按规定申请按月享受岗位补贴。岗位补贴的标准为本市月最低工资标准的50%。对于同一名“特定就业困难人员”，岗位补贴期限累计一般不超过3年，补贴期满且该“特定就业困难人员”距法定退休年龄不足2年的，补贴期限最长可延长至该“特定就业困难人员”到达法定退休年龄。 　　补贴所需资金从失业保险基金中列支(农民合作社岗位补贴所需资金从就业补助资金中列支)。“就业困难人员”(包括“特定就业困难人员”)享受补贴期满的，取消“就业困难人员”身份。	2017.1.1～2021.12.31

二、留学人员申办上海市常住户口

（一）申办条件

文　号	标　题	内　容　摘　要	执行时间
上海市人力资源和社会保障局沪人社外发［2015］49号	关于印发《留学回国人员申办上海常住户口实施细则》的通知	◎ 留学回国人员应具备的基本条件： （一）来沪工作的留学回国人员应符合下列条件之一： 1. 在国（境）外获得博士研究生学历学位。 2. 在国内“211”高校获得本科学历、学士学位或硕士研究生学历学位（中央直属及中科院各研究生培养单位硕士毕业生参照“211”高校毕业生执行），并在国（境）外高校获得硕士研究生学历学位；或在国内非“211”高校获得本科学历、学士学位或硕士研究生学历学位，并在国（境）外世界排名前500名高校获得硕士研究生学历学位；或在国（境）外高校获得本科学历、学士学位和硕士研究生学历学位（不含大专起点本科和HND等形式）。 3. 在国（境）外世界排名前500名高校获得本科学历、学士学位（累计在国（境）外学习时间须满1年以上；中外合作办学、联合培养等性质毕业生应同时获得国内和国（境）外本科学历、学士学位；不含大专起点本科和HND等形式）。 4. 在国内获得硕士研究生及以上学历学位或取得副高级及以上专业技术职务任职资格，赴国（境）外进修、做访问学者满1年以上。 同时，符合上述四项条件的人员最近连续6个月在同一单位社会保险缴费基数	2016.1.1 ～ 2020.12.31

（续表）

文　号	标　题	内　容　摘　要	执行时间
上海市人力资源和社会保障局沪人社外发〔2015〕49号	关于印发《留学回国人员申办上海常住户口实施细则》的通知	不应低于上一年度本市职工社会平均工资，个税缴纳情况应与社会保险缴费基数合理对应。 5. 其他不符合第2、3项条件，在国（境）外高校获得本科、学士及以上学历学位（本科学历、学士学位人员累计在国（境）外学习时间须满1年以上；中外合作办学、联合培养等性质毕业生应同时获得国内和国（境）外本科学历、学士学位；不含大专起点本科和HND等形式），同时最近连续12个月在同一单位社会保险缴费基数达到上一年度本市职工社会平均工资1.5倍，个税缴纳情况与社会保险缴费基数合理对应的人员。 （二）来沪创业的留学回国人员应符合下列条件： 在国（境）外高校获得本科、学士及以上学历学位（本科学历、学士学位人员要求同上）或符合第4项条件，来本市创办企业的留学回国人员（注册资金不少于50万元人民币（实缴），本人担任企业法定代表人且为第一大股东（不含股份转让、后期资金注入），个人股份一般不低于30%），同时最近连续6个月在同一单位社会保险缴费基数不低于上一年度本市职工社会平均工资，个税缴纳情况与社会保险缴费基数合理对应。 ◎ 留学人员回国后应直接来上海工作，累计待业时间不超过2年；与申请单位签订	2016.1.1～2020.12.31

（续表）

文　号	标　题	内　容　摘　要	执行时间
上海市人力资源和社会保障局沪人社外发［2015］49号	关于印发《留学回国人员申办上海常住户口实施细则》的通知	的劳动（聘用）合同有效期在1年（含）以上，且自申请之日起有效期在6个月（含）以上（如合同约定有试用期的，需完成试用期后方可申报）；留学回国人员年龄须距法定退休年龄5年以上。 ◎ 派遣人员不属于留学回国人员申办上海常住户口范围。	2016.1.1～2020.12.31

（二）申请材料

文　号	标　题	内　容　摘　要	执行时间
上海市人力资源和社会保障局沪人社外发［2015］49号	关于印发《留学回国人员申办上海常住户口实施细则》的通知	◎ 留学回国人员需提交的材料： （一）教育部出具的《国外学历学位认证书》。 （二）国（境）外毕业证书、成绩单；属于进修人员的提供国（境）外进修证明（须附具有资质的翻译机构的翻译件）、《留学回国人员证明》和国内硕士研究生及以上学历学位证书或副高级及以上职称证书。 （三）出国（境）留学前国内获得的相应的最高学历学位证书；出国（境）前系在职人员的，提供原工作单位同意调出或已离职证明；在国（境）外有工作经历的，提供工作单位劳动合同、税单或机构负责人签字的工作证明（须附具有资质的翻译机构的翻译件）。 （四）护照、签证及所有出入境记录、居民户口簿和身份证；出国前为农业户口的须在原籍办理“农转非”后申请；留学期间户籍已注销的须附90天内有效的户籍注销证明。	2016.1.1～2020.12.31

（续表）

文　号	标　题	内 容 摘 要	执行时间
上海市人力资源和社会保障局沪人社外发[2015]49号	关于印发《留学回国人员申办上海常住户口实施细则》的通知	（五）在沪落户地址证明。落户地址为个人购买的产权房的，提供房产证；落户地址为配偶或直系亲属家庭地址的，提供配偶或直系亲属的房产证、居民户口簿和产权人共同签署的同意落户的书面证明；落户地址为集体户口的，提供相应的集体户口簿复印件或户籍证明以及单位同意落户的书面证明。 （六）婚姻状况证明。已婚的，提供结婚证书；离异的，提供离婚证、离婚协议书或法院调解书、判决书。持国外结（离）婚证明的，另须提供具有资质的翻译机构的翻译件。 （七）子女出生证明（在国外出生的，另须提供具有资质的翻译机构的翻译件）及合法生育的证明。 （八）在沪档案接收单位出具的同意接收证明；如档案已在沪，提供档案保管单位出具的保管证明。 （九）在本市正常缴纳社会保险和个人所得税的证明（社保缴费基数和期限由社保系统提供；未正常缴纳社会保险而补缴的、缴费单位与签订劳动合同单位不一致的、社保缴费基数与个人所得税缴纳情况不能合理对应的不予认可；党政机关、事业单位新录用人员暂无法提供上述证明的，须提供正式录用或编制内聘用相关证明）；回国后未就业时间超过半年的须附劳动用工手册或档案保管单位出具的未就业证明。 （十）其他必要的证明材料。	2016.1.1～2020.12.31

三、个人所得税

（一）个人所得税税率表（综合所得适用）

<table>
<tr><th>文　号</th><th>标　题</th><th colspan="4">内　容　摘　要</th><th>执行时间</th></tr>
<tr><td rowspan="8">中华人民共和国主席令第9号</td><td rowspan="8">中华人民共和国个人所得税法（2018修正）</td><td>级数</td><td>全年应纳税所得额</td><td>税率（%）</td><td>速算扣除数</td><td rowspan="8">2019.1.1</td></tr>
<tr><td>1</td><td>不超过36 000元的</td><td>3</td><td>0</td></tr>
<tr><td>2</td><td>超过36 000元至144 000元的部分</td><td>10</td><td>2 520</td></tr>
<tr><td>3</td><td>超过144 000元至300 000元的部分</td><td>20</td><td>16 920</td></tr>
<tr><td>4</td><td>超过300 000元至420 000元的部分</td><td>25</td><td>31 920</td></tr>
<tr><td>5</td><td>超过420 000元至660 000元的部分</td><td>30</td><td>52 920</td></tr>
<tr><td>6</td><td>超过660 000元至960 000元的部分</td><td>35</td><td>85 920</td></tr>
<tr><td>7</td><td>超过960 000元的部分</td><td>45</td><td>181 920</td></tr>
</table>

注1：本表所称全年应纳税所得额是指居民个人取得综合所得以每一纳税年度收入额减除费用六万元以及专项扣除、专项附加扣除和依法确定的其他扣除后的余额。

注2：非居民个人取得工资、薪金所得，劳务报酬所得，稿酬所得和特许权使用费所得，依照本表按月换算后计算应纳税额。

（二）纳税申报

文　号	标　题	内　容　摘　要	执行时间
中华人民共和国主席令第9号	中华人民共和国个人所得税法（2018修正）	◎ 有下列情形之一的，纳税人应当依法办理纳税申报： （一）取得综合所得需要办理汇算清缴； （二）取得应税所得没有扣缴义务人； （三）取得应税所得，扣缴义务人未扣缴税款； （四）取得境外所得； （五）因移居境外注销中国户籍； （六）非居民个人在中国境内从两处以上取得工资、薪金所得； （七）国务院规定的其他情形。 扣缴义务人应当按照国家规定办理全员全额扣缴申报，并向纳税人提供其个人所得和已扣缴税款等信息。	2019.1.1

（三）专项附加扣除

文 号	标 题	内 容 摘 要	执行时间
国务院国发[2018]41号	关于印发个人所得税专项附加扣除暂行办法的通知	◎ 子女教育 纳税人的子女接受全日制学历教育的相关支出，按照每个子女每月1 000元的标准定额扣除。 学历教育包括义务教育（小学、初中教育）、高中阶段教育（普通高中、中等职业、技工教育）、高等教育（大学专科、大学本科、硕士研究生、博士研究生教育）。 年满3岁至小学入学前处于学前教育阶段的子女，按本条第一款规定执行。 父母可以选择由其中一方按扣除标准的100%扣除，也可以选择由双方分别按扣除标准的50%扣除，具体扣除方式在一个纳税年度内不能变更。 纳税人子女在中国境外接受教育的，纳税人应当留存境外学校录取通知书、留学签证等相关教育的证明资料备查。 ◎ 继续教育 纳税人在中国境内接受学历（学位）继续教育的支出，在学历（学位）教育期间按照每月400元定额扣除。同一学历（学位）继续教育的扣除期限不能超过48个月。纳税人接受技能人员职业资格继续教育、专业技术人员职业资格继续教育的支出，在取得相关证书的当年，按照3 600元定额扣除。 个人接受本科及以下学历（学位）继续教育，符合本办法规定扣除条件的，可以选择由其父母扣除，也可以选择由本人扣除。 纳税人接受技能人员职业资格继续教育、专业技术人员职业资格继续教育的，应当留存相关证书等资料备查。	2019.1.1

(续表)

文　号	标　题	内　容　摘　要	执行时间
国务院国发〔2018〕41号	关于印发个人所得税专项附加扣除暂行办法的通知	◎ 大病医疗 在一个纳税年度内，纳税人发生的与基本医保相关的医药费用支出，扣除医保报销后个人负担(指医保目录范围内的自付部分)累计超过15 000元的部分，由纳税人在办理年度汇算清缴时，在80 000元限额内据实扣除。 纳税人发生的医药费用支出可以选择由本人或者其配偶扣除；未成年子女发生的医药费用支出可以选择由其父母一方扣除。 纳税人及其配偶、未成年子女发生的医药费用支出，按本办法第十一条规定分别计算扣除额。 纳税人应当留存医药服务收费及医保报销相关票据原件(或者复印件)等资料备查。医疗保障部门应当向患者提供在医疗保障信息系统记录的本人年度医药费用信息查询服务。 ◎ 住房贷款利息 纳税人本人或者配偶单独或者共同使用商业银行或者住房公积金个人住房贷款为本人或者其配偶购买中国境内住房，发生的首套住房贷款利息支出，在实际发生贷款利息的年度，按照每月1 000元的标准定额扣除，扣除期限最长不超过240个月。纳税人只能享受一次首套住房贷款的利息扣除。 本办法所称首套住房贷款是指购买住房享受首套住房贷款利率的住房贷款。 经夫妻双方约定，可以选择由其中一方扣除，具体扣除方式在一个纳税年度内不能变更。 夫妻双方婚前分别购买住房发生的	2019.1.1

(续表)

文 号	标 题	内 容 摘 要	执行时间
国务院国发〔2018〕41号	关于印发个人所得税专项附加扣除暂行办法的通知	首套住房贷款，其贷款利息支出，婚后可以选择其中一套购买的住房，由购买方按扣除标准的100%扣除，也可以由夫妻双方对各自购买的住房分别按扣除标准的50%扣除，具体扣除方式在一个纳税年度内不能变更。 纳税人应当留存住房贷款合同、贷款还款支出凭证备查。 ◎住房租金 纳税人在主要工作城市没有自有住房而发生的住房租金支出，可以按照以下标准定额扣除： （一）直辖市、省会（首府）城市、计划单列市以及国务院确定的其他城市，扣除标准为每月1 500元； （二）除第一项所列城市以外，市辖区户籍人口超过100万的城市，扣除标准为每月1 100元；市辖区户籍人口不超过100万的城市，扣除标准为每月800元。 纳税人的配偶在纳税人的主要工作城市有自有住房的，视同纳税人在主要工作城市有自有住房。 市辖区户籍人口，以国家统计局公布的数据为准。 本办法所称主要工作城市是指纳税人任职受雇的直辖市、计划单列市、副省级城市、地级市（地区、州、盟）全部行政区域范围；纳税人无任职受雇单位的，为受理其综合所得汇算清缴的税务机关所在城市。 夫妻双方主要工作城市相同的，只能由一方扣除住房租金支出。 住房租金支出由签订租赁住房合同的承租人扣除。	2019.1.1

（续表）

文　号	标　题	内　容　摘　要	执行时间
国务院国发［2018］41号	关于印发个人所得税专项附加扣除暂行办法的通知	纳税人及其配偶在一个纳税年度内不能同时分别享受住房贷款利息和住房租金专项附加扣除。 纳税人应当留存住房租赁合同、协议等有关资料备查。 ◎ 赡养老人 纳税人赡养一位及以上被赡养人的赡养支出，统一按照以下标准定额扣除： （一）纳税人为独生子女的，按照每月2 000元的标准定额扣除； （二）纳税人为非独生子女的，由其与兄弟姐妹分摊每月2 000元的扣除额度，每人分摊的额度不能超过每月1 000元。可以由赡养人均摊或者约定分摊，也可以由被赡养人指定分摊。约定或者指定分摊的须签订书面分摊协议，指定分摊优先于约定分摊。具体分摊方式和额度在一个纳税年度内不能变更。 本办法所称被赡养人是指年满60岁的父母，以及子女均已去世的年满60岁的祖父母、外祖父母。 本办法所称父母，是指生父母、继父母、养父母。本办法所称子女，是指婚生子女、非婚生子女、继子女、养子女。父母之外的其他人担任未成年人的监护人的，比照本办法规定执行。 个人所得税专项附加扣除额一个纳税年度扣除不完的，不能结转以后年度扣除。	2019.1.1

(四) 社会保险费、住房公积金、工伤待遇

文 号	标 题	内 容 摘 要	执行时间
财政部、国家税务总局财税[2006]10号	关于基本养老保险费、基本医疗保险费、失业保险费、住房公积金有关个人所得税政策的通知	◎ 企事业单位按照国家或省(自治区、直辖市)人民政府规定的缴费比例或办法实际缴付的基本养老保险费、基本医疗保险费和失业保险费,免征个人所得税;个人按照国家或省(自治区、直辖市)人民政府规定的缴费比例或办法实际缴付的,允许在个人应纳税所得额中扣除。企事业单位和个人超过规定的比例和标准缴付的,应将超过部分并入个人当期的工资、薪金收入,计征个人所得税。 ◎ 根据《住房公积金管理条例》等规定,单位和个人分别在不超过职工本人上一年度平均工资12%的幅度内,其实际缴存的住房公积金,允许在个人应纳税所得额中扣除。单位和职工个人缴存住房公积金的月平均工资不得超过职工工作地所在地区城市上一年度职工月平均工资的3倍,具体标准按照各地有关规定执行。 单位和个人超过上述规定比例和标准缴付的住房公积金,应将超过部分并入个人当期的工资、薪金收入,计征个人所得税。 ◎ 个人实际领(支)取原提存的基本养老保险金、基本医疗保险金、失业保险金和住房公积金时,免征个人所得税。	2006.6.27
财政部、国家税务总局财税[2012]40号	关于工伤职工取得的工伤保险待遇有关个人所得税政策的通知	◎ 对工伤职工及其近亲属按照《工伤保险条例》(国务院令第586号)规定取得的工伤保险待遇,免征个人所得税。	2011.1.1

（五）一次性补偿收入

文　号	标　题	内　容　摘　要	执行时间
财政部、国家税务总局财税[2018]164号	关于个人所得税法修改后有关优惠政策衔接问题的通知	◎个人与用人单位解除劳动关系取得一次性补偿收入(包括用人单位发放的经济补偿金、生活补助费和其他补助费)，在当地上年职工平均工资3倍数额以内的部分，免征个人所得税；超过3倍数额的部分，不并入当年综合所得，单独适用综合所得税率表，计算纳税。 ◎个人办理提前退休手续而取得的一次性补贴收入，应按照办理提前退休手续至法定离退休年龄之间实际年度数平均分摊，确定适用税率和速算扣除数，单独适用综合所得税率表，计算纳税。计算公式： 应纳税额＝{〔(一次性补贴收入÷办理提前退休手续至法定退休年龄的实际年度数)－费用扣除标准〕×适用税率－速算扣除数}×办理提前退休手续至法定退休年龄的实际年度数 ◎个人办理内部退养手续而取得的一次性补贴收入，按照《国家税务总局关于个人所得税有关政策问题的通知》(国税发〔1999〕58号)规定计算纳税。	2019.1.1

（六）全年一次性奖金收入

文　号	标　题	内　容　摘　要	执行时间
国家税务总局国税发[2005]9号	关于调整个人取得全年一次性奖金等计算征收个人所得税方法问题的通知	◎全年一次性奖金是指行政机关、企事业单位等扣缴义务人根据其全年经济效益和对雇员全年工作业绩的综合考核情况，向雇员发放的一次性奖金。 上述一次性奖金也包括年终加薪、实行年薪制和绩效工资办法的单位根据考核情况兑现的年薪和绩效工资。	2005.1.1

（续表）

文 号	标 题	内 容 摘 要	执行时间
国家税务总局国税发[2005]9号	关于调整个人取得全年一次性奖金等计算征收个人所得税方法问题的通知	◎ 在一个纳税年度内，对每一个纳税人，该计税办法只允许采用一次。 ◎ 雇员取得除全年一次性奖金以外的其他各种名目奖金，如半年奖、季度奖、加班奖、先进奖、考勤奖等，一律与当月工资、薪金收入合并，按税法规定缴纳个人所得税。	2005.1.1
国家税务总局国税函[2005]715号	国家税务总局关于纳税人取得不含税全年一次性奖金收入计征个人所得税问题的批复	◎ 不含税全年一次性奖金换算为含税奖金计征个人所得税的具体方法为： 1. 按照不含税的全年一次性奖金收入除以12的商数，查找相应适用税率A和速算扣除数A； 2. 含税的全年一次性奖金收入 =（不含税的全年一次性奖金收入－速算扣除数A）÷（1－适用税率A）； 3. 按含税的全年一次性奖金收入除以12的商数，重新查找适用税率B和速算扣除数B； 4. 应纳税额 = 含税的全年一次性奖金收入×适用税率B－速算扣除数B。 ◎ 如果纳税人取得不含税全年一次性奖金收入的当月工资薪金所得，低于税法规定的费用扣除额，应先将不含税全年一次性奖金减去当月工资薪金所得低于税法规定费用扣除额的差额部分后，再按照上述第一条规定处理。 ◎ 根据企业所得税和个人所得税的现行规定，企业所得税的纳税人、个人独资和合伙企业、个体工商户为个人支付的个人所得税款，不得在所得税前扣除。	2005.7.7

（续表）

文　号	标　题	内　容　摘　要	执行时间
财政部、国家税务总局财税〔2018〕164号	关于个人所得税法修改后有关优惠政策衔接问题的通知	◎ 居民个人取得全年一次性奖金，符合《国家税务总局关于调整个人取得全年一次性奖金等计算征收个人所得税方法问题的通知》（国税发〔2005〕9号）规定的，在2021年12月31日前，不并入当年综合所得，以全年一次性奖金收入除以12个月得到的数额，按照本通知所附按月换算后的综合所得税率表（以下简称月度税率表），确定适用税率和速算扣除数，单独计算纳税。计算公式为： 应纳税额＝全年一次性奖金收入×适用税率－速算扣除数 ◎ 居民个人取得全年一次性奖金，也可以选择并入当年综合所得计算纳税。 ◎ 自2022年1月1日起，居民个人取得全年一次性奖金，应并入当年综合所得计算缴纳个人所得税。	2019.1.1

（七）企业年金和职业年金缴费

文　号	标　题	内　容　摘　要	执行时间
财政部、人力资源社会保障部、国家税务总局财税〔2013〕103号	财政部、人力资源社会保障部、国家税务总局关于企业年金、职业年金个人所得税有关问题的通知	◎ 企业和事业单位（以下统称单位）根据国家有关政策规定的办法和标准，为在本单位任职或者受雇的全体职工缴付的企业年金或职业年金（以下统称年金）单位缴费部分，在计入个人账户时，个人暂不缴纳个人所得税。 ◎ 个人根据国家有关政策规定缴付的年金个人缴费部分，在不超过本人缴费工资计税基数的4%标准内的部分，暂从个人当期的应纳税所得额中扣除。 ◎ 超过本通知第一条第1项和第2项规定的标准缴付的年金单位缴费和个人缴费部分，应并入个人当期的工资、薪金所得，依法计征个人所得税。税款由建立年金的单位代扣代缴，并向主管税务机关申报解缴。	2014.1.1

(续表)

文 号	标 题	内 容 摘 要	执行时间
财政部、人力资源社会保障部、国家税务总局财税[2013]103号	财政部、人力资源社会保障部、国家税务总局关于企业年金、职业年金个人所得税有关问题的通知	◎ 企业年金个人缴费工资计税基数为本人上一年度月平均工资。月平均工资按国家统计局规定列入工资总额统计的项目计算。月平均工资超过职工工作地所在设区城市上一年度职工月平均工资300%以上的部分,不计入个人缴费工资计税基数。 ◎ 职业年金个人缴费工资计税基数为职工岗位工资和薪级工资之和。职工岗位工资和薪级工资之和超过职工工作地所在设区城市上一年度职工月平均工资300%以上的部分,不计入个人缴费工资计税基数。	2014.1.1
财政部、国家税务总局财税[2018]164号	关于个人所得税法修改后有关优惠政策衔接问题的通知	◎ 个人达到国家规定的退休年龄,领取的企业年金、职业年金,符合《财政部、人力资源社会保障部、国家税务总局关于企业年金、职业年金个人所得税有关问题的通知》(财税〔2013〕103号)规定的,不并入综合所得,全额单独计算应纳税款。其中按月领取的,适用月度税率表计算纳税;按季领取的,平均分摊计入各月,按每月领取额适用月度税率表计算纳税;按年领取的,适用综合所得税率表计算纳税。 ◎ 个人因出境定居而一次性领取的年金个人账户资金,或个人死亡后,其指定的受益人或法定继承人一次性领取的年金个人账户余额,适用综合所得税率表计算纳税。对个人除上述特殊原因外一次性领取年金个人账户资金或余额的,适用月度税率表计算纳税。	2019.1.1

四、企业所得税相关费用扣除标准

文　号	标　题	内　容　摘　要	执行时间
中华人民共和国国务院令第512号	中华人民共和国企业所得税法实施条例	◎ 企业发生的职工福利费支出，不超过工资薪金总额14%的部分，准予扣除。 ◎ 企业拨缴的工会经费，不超过工资薪金总额2%的部分，准予扣除。 ◎ 除国务院财政、税务主管部门另有规定外，企业发生的职工教育经费支出，不超过工资薪金总额的2.5%的部分，准予扣除；超过部分，准予在以后纳税年度结转扣除。	2008.1.1
国家税务总局公告2012年第15号	关于企业所得税应纳税所得额若干税务处理问题的公告	◎ 企业因雇用季节工、临时工、实习生、返聘离退休人员所实际发生的费用，应区分为工资薪金支出和职工福利费支出，并按《企业所得税法》规定在企业所得税前扣除。其中属于工资薪金支出的，准予计入企业工资薪金总额的基数，作为计算其他各项相关费用扣除的依据。	2012.4.24
国家税务总局公告2015年第34号	关于企业工资薪金和职工福利费等支出税前扣除问题的公告	◎ 企业接受外部劳务派遣用工所实际发生的费用，应分两种情况按规定在税前扣除：按照协议（合同）约定直接支付给劳务派遣公司的费用，应作为劳务费支出；直接支付给员工个人的费用，应作为工资薪金支出和职工福利费支出。其中属于工资薪金支出的费用，准予计入企业工资薪金总额的基数，作为计算其他各项相关费用扣除的依据。	2015.5.8

五、企业欠薪保障金

文　号	标　题	内　容　摘　要	执行时间
上海市人民政府令第72号	上海市企业欠薪保障金筹集和垫付的若干规定	◎本市范围内的企业应当依照本规定，在市人力资源和社会保障局规定的缴费期限内缴纳欠薪保障费。领取营业执照的企业分支机构，应当单独缴纳欠薪保障费。 ◎企业、企业分支机构每年缴纳一次欠薪保障费。缴费额具体数额为本市公布的月最低工资标准的数额。 ◎属于下列人员的，不予垫付欠薪： (1)欠薪企业的法定代表人或者经营者； (2)欠薪企业中与前项人员共同生活的近亲属； (3)拥有欠薪企业10%以上股份的人员； (4)月工资超过本市职工月平均工资水平3倍的人员； (5)累计欠薪数额不到200元的人员。 ◎欠薪月数不超过6个月的，垫付欠薪按照实际欠薪月数计算；超过6个月的，按照6个月计算。 ◎拖欠的月工资或者月经济补偿金高于本市当年职工月最低工资标准的，垫付欠薪的款项按照月最低工资标准计算；低于月最低工资标准的，按照实际欠薪数额计算。 ◎企业未按规定缴纳欠薪保障费的，由市人力资源和社会保障局责令限期缴纳；逾期仍不缴纳的，从欠缴之日起，按日加收2‰滞纳金，并处以1 000元以上3 000元以下的罚款。滞纳金并入欠薪保障金。	2007.10.1 2009.9.25 修订

（续表）

文　号	标　题	内　容　摘　要	执行时间
上海市人力资源和社会保障局沪人社规〔2017〕29号	关于贯彻执行《上海市企业欠薪保障金筹集和垫付的若干规定》的实施意见	◎ 区人力资源和社会保障局负责受理欠薪垫付申请。对一次性垫付数额在300万元及以下的垫付事项，由区人力资源和社会保障局审核决定并负责垫付。对一次性垫付数额超过300万元的垫付事项，由区人力资源和社会保障局提出初审意见，报市人力资源和社会保障局审核决定。市人力资源和社会保障局决定垫付的，向区人力资源和社会保障局下拨资金，由区人力资源和社会保障局负责垫付。 ◎ 劳动者被欠薪月数超过6个月的，按被欠薪最后6个月确定垫付月份。劳动者欠薪月数低于6个月的，按实际欠薪月数确定。劳动者被欠薪时间不满1个月的，按1个月确定。 ◎ 人力资源和社会保障行政部门根据实际情况，可以将工资和经济补偿金两个垫付项目合并使用，最高可在12个月本市最低工资总额内对劳动者进行一次性欠薪垫付。 　　上述本市最低工资按劳动者最后一个欠薪月时本市执行的标准确定。	2017.8.16 ～ 2022.8.15

六、残疾人就业保障金

文　号	标　题	内　容　摘　要	执行时间
财政部公告2019年第98号	关于调整残疾人就业保障金征收政策的公告	◎ 残疾人就业保障金征收标准上限，按照当地社会平均工资2倍执行。当地社会平均工资按照所在地城镇非私营单位就业人员平均工资和城镇私营单位就业人员平均工资加权计算。	2020.1.1

（续表）

文 号	标 题	内 容 摘 要	执行时间
财政部公告2019年第98号	关于调整残疾人就业保障金征收政策的公告	◎用人单位依法以劳务派遣方式接受残疾人在本单位就业的，由派遣单位和接受单位通过签订协议的方式协商一致后，将残疾人数计入其中一方的实际安排残疾人就业人数和在职职工人数，不得重复计算。 ◎自2020年1月1日起至2022年12月31日，对残疾人就业保障金实行分档减缴政策。其中：用人单位安排残疾人就业比例达到1%(含)以上，但未达到所在地省、自治区、直辖市人民政府规定比例的，按规定应缴费额的50%缴纳残疾人就业保障金；用人单位安排残疾人就业比例在1%以下的，按规定应缴费额的90%缴纳残疾人就业保障金。 ◎自2020年1月1日起至2022年12月31日，在职职工人数在30人(含)以下的企业，暂免征收残疾人就业保障金。	
上海市财政局、市人力资源社会保障局、市残疾人联合会沪财社[2018]34号	关于实施《上海市残疾人就业保障金征收使用管理实施办法》有关问题的通知	◎本市辖区范围内的所有机关、团体、企业、事业单位和民办非企业单位(以下简称用人单位)，均应按国家和本市规定的比例安排残疾人就业。 ◎市和区社保经办机构，对用人单位在职参保缴费职工人数、用人单位上年度社会保险费缴费基数之和进行核定，本人上一年度月平均工资收入高于上一年度全市职工月平均工资收入200%以上的部分不计入缴费基数。 ◎残疾人就业未达到国家和本市规定比例的用人单位，应按规定比例安排残疾人就业。用人单位未按规定安排残疾人就业的或未向残疾人就业服务机构申报单位在职职工人数和残疾职工情况的，经残	2018.1.1

（续表）

文　号	标　题	内　容　摘　要	执行时间
上海市财政局、市人力资源社会保障局、市残疾人联合会沪财社[2018]34号	关于实施《上海市残疾人就业保障金征收使用管理实施办法》有关问题的通知	疾人就业服务机构核定后，应缴纳残疾人就业保障金。 　　用人单位应于每年6月底前向社保经办机构缴纳残疾人就业保障金。 ◎ 对在职职工超过2 000人的用人单位，根据用人单位在职职工人数进行分档，对于不同档级的单位实施差别化征收，具体计算如下： 　　用人单位需缴纳残疾人就业保障金＝(1.5％－残疾职工比例)×2 000(含)以下人数×平均缴费基数＋(1.5％－残疾职工比例)×2 001至4 000人数×平均缴费基数×0.8＋(1.5％－残疾职工比例)×4 001至8 000人数×平均缴费基数×0.6＋(1.5％－残疾职工比例)×8 001至14 000人数×平均缴费基数×0.4＋(1.5％－残疾职工比例)×14 001至22 000人数×平均缴费基数×0.2＋(1.5％－残疾职工比例)×22 001以上人数×平均缴费基数×0.1。 　　平均缴费基数＝用人单位上年度社会保险费缴费基数之和÷用人单位上年度在职职工平均人数。	2018.1.1

七、职工教育培训经费

文　号	标　题	内　容　摘　要	执行时间
中华人民共和国国务院国发[2002]16号	关于大力推进职业教育改革与发展的决定	◎ 一般企业按照职工工资总额的1.5％足额提取教育培训经费，从业人员技术要求高、培训任务重、经济效益较好的企业，可按2.5％提取，列入成本开支。	2002.8.24

（续表）

文　号	标　题	内　容　摘　要	执行时间
上海市人民代表大会常务委员会公告第32号	上海市终身教育促进条例	◎ 企业用于一线职工的培训经费所占比例，应当高于职业培训经费总额的60%，并每年将经费使用情况向职工代表大会汇报。	2011.5.1

八、职业技能培训补贴

文　号	标　题	内　容　摘　要	执行时间
上海市人力资源和社会保障局沪人社职发［2016］55号	关于印发《上海市社会化职业技能培训补贴管理办法》的通知	◎ 本市户籍、在法定劳动年龄段内的以下对象可按规定享受培训补贴： （一）失业人员、协保人员和原农村富余劳动力； （二）在职从业人员（含本市户籍的灵活就业人员、非正规就业劳动组织从业人员等，下同）； （三）本市中等职业学校和高等院校的毕业学年学生； （四）退役士兵、残疾人、服刑、戒毒人员等经认定的人员。 ◎ 补贴对象在补贴培训实施机构参加纳入补贴培训目录的培训项目，考核鉴定合格的，按以下比例享受培训补贴： （一）第六条第（一）类对象参加补贴培训目录内的培训项目，可按规定的补贴标准享受100%培训补贴； （二）第六条第（二）类对象参加补贴培训目录内紧缺急需的培训项目，可按规定的补贴标准享受80%培训补贴；参加补贴培训目录内其他培训项目，可按规定的补贴标准享受60%培训补贴。 （三）第六条第（三）类对象参加补贴培训目录内中级或单项技术类专项职业能力项目鉴定且合格的，可按规定的补贴标准享受考核	2017.4.1～2027.3.31

（续表）

文　号	标　题	内　容　摘　要	执行时间
上海市人力资源和社会保障局沪人社职发［2016］55号	关于印发《上海市社会化职业技能培训补贴管理办法》的通知	鉴定费补贴；其中，高等院校毕业学年学生参加补贴培训目录内紧缺急需的中级以上或单项技术类专项职业能力的培训项目，可按规定的补贴标准享受80%培训补贴；参加补贴培训目录内其他中级以上或单项技术类专项职业能力的培训项目，可按规定的补贴标准享受60%培训补贴。 （四）第六条第（四）类对象中退役士兵在退役后五年内参加补贴培训目录内的培训项目，残疾人参加补贴培训目录内的培训项目，服刑、戒毒人员回归社会前经所在监狱、戒毒所批准参加补贴培训目录内经认定的培训项目，可按规定的补贴标准享受100%培训补贴。其他经认定的人员按相关规定享受培训补贴。 ◎ 补贴对象参加补贴培训目录内高级以下或专项职业能力的培训项目，鉴定不合格的，不予补贴；参加补贴培训目录内技师、高级技师培训项目，鉴定不合格的，按照鉴定合格可享受培训补贴的50%予以补贴。	2017.4.1 ～ 2027.3.31

九、就业创业见习补贴

文　号	标　题	内　容　摘　要	执行时间
上海市人力资源和社会保障局沪人社规［2017］22号	关于进一步做好本市青年就业创业见习工作的通知	◎ 见习期限一般为1—6个月。见习期内，见习学员与见习基地不建立劳动关系。 ◎ 符合下列条件之一的青年，可到区人力资源社会保障部门申请参加就业创业见习： （一）年龄在16—35岁，具有本市户籍的未就业青年； （二）参加本市就业创业见习计划的高等学校和中等职业学校所属毕业学年学生；	2017.5.4 ～ 2022.5.3

(续表)

文　号	标　题	内　容　摘　要	执行时间
上海市人力资源和社会保障局沪人社规[2017]22号	关于进一步做好本市青年就业创业见习工作的通知	（三）本市应届离校未就业高等学校及中等职业学校毕业生。 ◎ 见习学员生活费补贴主要用于补贴见习学员见习期间的基本生活费用。每名学员每月补贴标准为当年城镇职工月最低工资标准的80%，各区可根据实际情况酌情配套补贴。 ◎ 见习带教费补贴主要用于补贴见习带教老师的指导费用以及见习基地因见习带教产生的其他相关费用。每带教一名学员每月补贴标准为当年城镇职工月最低工资标准的30%，各区可根据实际情况酌情配套补贴。 ◎ 市人力资源社会保障部门通过招投标方式确定商业保险公司，为见习学员统一办理综合保险。	2017.5.4～2022.5.3

十、实习报酬

文　号	标　题	内　容　摘　要	执行时间
教育部教职成[2016]3号	关于印发《职业学校学生实习管理规定》的通知	◎ 实习单位应当合理确定顶岗实习学生占在岗人数的比例，顶岗实习学生的人数不超过实习单位在岗职工总数的10%，在具体岗位顶岗实习的学生人数不高于同类岗位在岗职工总人数的20%。 ◎ 接收学生顶岗实习的实习单位，应参考本单位相同岗位的报酬标准和顶岗实习学生的工作量、工作强度、工作时间等因素，合理确定顶岗实习报酬，原则上不低于本单位相同岗位试用期工资标准的80%，并按照实习协议约定，以货币形式及时、足额支付给学生。	2016.4.11

十一、公民应征兵役的公假

文号	标题	内容摘要	执行时间
上海市人大常委会公告第69号	上海市征兵工作条例	◎ 适龄公民参加兵役登记应当视为出勤。 ◎ 应征公民参加体格检查应当视为出勤。	1994.11.1 1997.10.17 第一次修正 2002.6.20 第二次修正 2010.9.17 第三次修正

十二、无偿献血规定

文号	标题	内容摘要	执行时间
中华人民共和国主席令第93号	中华人民共和国献血法	◎ 国家提倡18周岁至55周岁的健康公民自愿献血。 ◎ 国家机关、军队、社会团体、企业事业组织、居民委员会、村民委员会,应当动员和组织本单位或者本居住区的适龄公民参加献血。 ◎ 对献血者,发给国务院卫生行政部门制作的无偿献血证书,有关单位可以给予适当补贴。 ◎ 血站对献血者每次采集血液量一般为200毫升,最多不得超过400毫升,两次采集间隔不少于6个月。	1998.10.1
上海市人民代表大会常务委员会公告第6号	上海市献血条例	◎ 卫生行政部门对未能完成年度献血计划的单位,可以发出限期完成献血计划通知书;逾期仍未完成献血计划的,可以按照未完成计划献血量等量用血费的5倍,对其征收献血补偿金。	1998.10.1 2010.9.17 修正

十三、市、区县人力资源和社会保障办事网点

(一) 市人力资源和社会保障办事网点

名 称	联系地址	邮 编	电 话
上海市人力资源和社会保障局	浦东新区世博村路300号2号楼	200125	23111111
上海市就业促进中心	天山路1800号	200051	62748577
上海市职业技能鉴定中心	天山路1800号	200051	62748577
上海市职业能力考试院	漕宝路120号内40、42号楼	200235	61969000
上海市人力资源和社会保障宣传教育中心	天山路1800号	200051	62748577
上海市社会保险事业管理中心	中山南路865号A楼	200011	63689900
上海市劳动能力鉴定中心	西乡路188号	200065	31013000
上海市劳动保障监察总队	西乡路188号	200065	12333
上海市劳动人事争议仲裁委员会	西乡路188号2号楼101室	200065	31012746
上海市劳动能力鉴定委员会	西乡路188号	200065	31013000
上海市人才服务中心	梅园路77号1楼	200070	32511585

（二）各区县人力资源和社会保障局

名　　称	联系地址	邮　编	电　话
黄浦区人力资源和社会保障局	延安东路300号	200001	33134800
徐汇区人力资源和社会保障局	南宁路999号	200235	24092222
长宁区人力资源和社会保障局	长宁路599号	200050	22050023
静安区人力资源和社会保障局	大统路480号18—19楼	200070	52710326
普陀区人力资源和社会保障局	大渡河路1668号3号楼	200333	52667875
虹口区人力资源和社会保障局	飞虹路518号2号楼	200086	25015511
杨浦区人力资源和社会保障局	惠民路800号	200082	25032626
闵行区人力资源和社会保障局	莘北路168号	201199	51519999
宝山区人力资源和社会保障局	友谊支路79号	201900	56108352
浦东新区人力资源和社会保障局	浦东大道141号1号楼	200120	58877988
嘉定区人力资源和社会保障局	金沙路28号	201800	59534035
松江区人力资源和社会保障局	松江区荣乐东路2378号	201613	67848665
金山区人力资源和社会保障局	龙山路555号东楼	200540	57922646
青浦区人力资源和社会保障局	青浦区青舟路220号	201700	33868782，69721976
奉贤区人力资源和社会保障局	南桥镇南奉公路9501号1号楼	201400	67199616，67199615
崇明县人力资源和社会保障局	崇明大道8188号3号楼	202150	69693163

（三）各区县职业介绍中心

名 称	联系地址	邮 编	电 话
上海职业介绍黄浦分中心	南车站路 525 号	200011	63133808
上海职业介绍徐汇分中心	南宁路 999 号 5 楼	200235	24092222
上海职业介绍长宁分中心	武夷路 517 号	200050	62400032-100
上海职业介绍静安分中心	万荣路 908 号	200072	62951155
上海职业介绍普陀分中心	武宁路 1036 号	200063	62547410
上海职业介绍虹口分中心	曲阳路 191 号	200081	65072590
上海职业介绍杨浦分中心	江浦路 728 号	200082	55217378
上海职业介绍闵行分中心	莘谭路 168 号	201199	51518181
上海职业介绍宝山分中心	宝杨路 1026 号	201999	56122226
上海职业介绍浦东分中心	浦东南路 3995 号	200126	58740409-1102
上海职业介绍南汇分中心	惠南镇人民西路 45 号	201300	68006167
上海职业介绍嘉定分中心	嘉戬公路 118 号	201822	69989086
上海职业介绍松江分中心	松江区荣乐东路 2378 号	201613	67848665
上海职业介绍金山分中心	石化卫零路 365 号	200540	57961146
上海职业介绍青浦分中心	青浦区公园路 200 号	201700	69717313
上海职业介绍奉贤分中心	人民南路 150 号	201400	67119647
上海职业介绍崇明分中心	城桥镇南门路 118 号 1 楼	202150	69693196

(四) 各区县社会保险事业管理中心

名　称	联系地址	邮　编	电　话
黄浦社保中心	陆家浜路 265 号	200011	12333
徐汇社保中心	徐虹北路 80 号	200030	64476807
长宁社保中心	天山路 38 号	200336	52063806
静安社保中心	武宁南路 221 号	200042	12333
普陀社保中心	武宁路 1032 号	200063	52667869
虹口社保中心	曲阳路 179 号	200081	65080233
杨浦社保中心	江浦路 736 号	200082	12333
闵行社保中心	莘松路 385 号	201100	64922083
宝山社保中心	淞兴路 309 号	200940	56845871
浦东社保中心	浦东南路 3993 号	200126	50879104
惠南分部	惠南镇拱极路 3623 号	201300	12333
嘉定社保中心	嘉定镇博乐路 69 号	201899	59529817
松江社保中心	荣乐中路 248 号	201600	57825512
金山社保中心	石化卫零路 357 号	200540	31166990
青浦社保中心	青浦区公园路 200 号	201700	69717102
奉贤社保中心	南桥镇人民南路 156 号	201400	67116418
崇明社保中心	崇明人民路 207 号	202150	12333

（五）各区县劳动人事争议仲裁院

名　称	联系地址	邮　编	电　话
黄浦区劳动人事争议仲裁院	车站支路 87 号	200011	63138112
徐汇区劳动人事争议仲裁院	虹桥路 432 号	200030	64388088
长宁区劳动人事争议仲裁院	威宁路 410 号 3 楼	200336	62625700
静安区劳动人事争议仲裁院	柳营路 291 号	200072	56906151
普陀区劳动人事争议仲裁院	交通路 2315 号	200065	66111905
虹口区劳动人事争议仲裁院	祥德路 468 号	200081	65753467
杨浦区劳动人事争议仲裁院	长阳路 2467 号 22 号楼	200090	65812155
闵行区劳动人事争议仲裁院	中春路 7001 号明谷科技园 B 栋 2 号楼	201101	96999510
宝山区劳动人事争议仲裁院	友谊路 6 号	201999	56108351
浦东新区劳动人事争议仲裁院	浦建路 1619 号 1 号楼	201204	68812333-1151、1152
嘉定区劳动人事争议仲裁院	金沙路 28 号	201800	59529012
松江区劳动人事争议仲裁院	乐都西路 867—871 号 2 号楼 3 楼	201699	67848562
金山区劳动人事争议仲裁院	山阳镇涌金商业广场海汇街 15 号	200540	57922304
青浦区劳动人事争议仲裁院	北青公路 9078 号	201707	39295277
奉贤区劳动人事争议仲裁院	南桥镇沪杭公路 2142 号 1 楼	201499	67196646
崇明县劳动人事争议仲裁院	城桥镇朝阳门路 11 号 3 楼	202150	69693336

（六）各区县劳动保障监察机构

名　称	联系地址	邮　编	电　话
黄浦区劳动保障监察大队	车站支路 87 号	200011	12333
徐汇区劳动保障监察大队	虹桥路 432 号	200030	12333
长宁区劳动保障监察大队	仙霞路 777 号 2—3 楼	200336	12333
静安区劳动保障监察大队(1)	武宁南路 323 号	200042	12333
静安区劳动保障监察大队(2)	万荣路 908 号	200072	12333
普陀区劳动保障监察大队	志丹路 8 号 3 楼	200065	12333
虹口区劳动保障监察大队	玉田路 222 号北楼	200092	12333
杨浦区劳动保障监察大队	平凉路 790 号	200082	12333
闵行区劳动保障监察大队	七莘路 1366 号黎安工业园 A 栋	201199	54881232
宝山区劳动保障监察大队	铁通路 499 号	201900	66751173
浦东新区劳动保障监察大队	浦建路 1619 号	201204	12333
嘉定区劳动保障监察大队	金沙路 28 号	201800	69910807
松江区劳动保障监察大队	荣乐东路 2378 号	201613	12333
金山区劳动保障监察大队	卫新路 88 号 214 室	200540	12333
青浦区劳动保障监察大队	救护大队路 64 号	201700	12333
奉贤区劳动保障监察大队	沪杭公路 2142 号 4 楼	201499	12333
崇明县劳动保障监察大队	阳门路 11 号 406 室	202150	12333

（七）各区县劳动能力鉴定委员会

名 称	联系地址	邮 编	电 话
黄浦区劳动能力鉴定委员会	马当路410号	200025	63308729
徐汇区劳动能力鉴定委员会	南宁路999号4楼	200235	64482757
长宁区劳动能力鉴定委员会	古北路88号	200050	62400032-233、236
静安区劳动能力鉴定委员会	常德路940号	200040	32200710-103
普陀区劳动能力鉴定委员会	志丹路2号	200333	66070902
虹口区劳动能力鉴定委员会	奎照路635号	200434	65073080
杨浦区劳动能力鉴定委员会	济宁路363号	200082	55214449
闵行区劳动能力鉴定委员会	莘北路168号2号楼1楼	201100	51519770
宝山区劳动能力鉴定委员会	友谊支路79号	201900	56107019
浦东新区劳动能力鉴定委员会	浦建路1619号1号楼	201204	58744281
嘉定区劳动能力鉴定委员会	金沙路28号	201800	59521934
松江区劳动能力鉴定委员会	荣乐东路2378号	201613	67848544
金山区劳动能力鉴定委员会	蒙山北路611号5号楼	200540	37316018
青浦区劳动能力鉴定委员会	青舟路220号3号门	201700	33861495
奉贤区劳动能力鉴定委员会	古华路543号	201499	67199606
崇明县劳动能力鉴定委员会	城桥镇翠竹路1501号	202150	69696988-8144

（八）全市各医疗保险事务中心

名称		联系地址	邮编	电话
上海市		康定路805号	200040	62558001
黄浦		鲁班路390号	200023	63030099
徐汇		南宁路999号4楼	200235	64164870
长宁		武夷路702号	200051	52065400
静安		原平路363号	200436	66551633
普陀		大渡河路1711号	200333	52804754
虹口		赤峰路352—356号	200092	55888140
杨浦		兰州路1118号	200082	65890960
闵行		水清路530—546号	201199	54135063
宝山		宝东路879号	201999	56112534
嘉定		嘉定镇博乐路70-2号	201899	59915420
浦东	中心	浦建路1619号2号楼	200135	50353961
	张杨分中心	张杨路3059号	200126	50567061
	惠南分中心	惠南镇北门大街176号	201399	58027555
奉贤		望园南路1529弄1号B座1楼	201499	67137777
松江		乐都西路867—871号	201600	67817674
金山		石化蒙山路1536号	200540	57960021
青浦		公园东路1618号	201799	59728512
崇明		崇明县城桥镇东门路101号	202150	39612037

上海市医疗保险咨询热线：962218

（九）上海市居住证积分受理网点

名　称	地　址	电　话	邮　编
奉贤区人才服务中心	望园南路1529弄1号B楼二层	67137600	201400
崇明县人才服务中心	城桥镇新城翠竹路1501号1楼	69696988-8113	202150
崇明县人才服务中心长兴工作站	长兴镇江南大道1333号A201室	66857002	201913
青浦区人才服务中心	北青公路8098号	33862070	201707
松江区人才服务中心	松江区乐都西路867-871号5号楼底楼	67848636	201600
宝山区公共人事服务中心	友谊路15号北门	56105656	201900
嘉定区人才服务中心	嘉戬公路118号三楼北区就业人才专区 安亭镇曹安公路5656号	69530382 59568585	201808 201805
闵行区人才服务中心	水清路388号	52967576	201199
金山区人才服务中心	蒙山北路603号	57922286	200540
静安区人才服务中心	共和新路912号6楼	66057100	200070
黄浦区人才服务中心	淮海东路6号 淮海中路755号新华联大厦东楼11楼A室	63295445 54650852	200021 200020
杨浦区人才服务中心	淞沪路605号C—D	33193322	200433
虹口区人才服务中心	中山北一路1230号柏树大厦A区一楼	65073218	200437
普陀区人才服务中心	同普路602号	22234548	200333
长宁区人才服务中心	安西路37号	62124179	200050
徐汇区人才服务中心	南宁路969号	24092222	200235
浦东新区人才交流中心	浦东张杨路1996号	58603333	200135

（十）全市外国人来华工作许可业务受理窗口

受理点	联系地址	邮 编	电 话
上海市	梅园路77号一楼	200070	12333
浦东新区	张东路1158号3号楼二楼	201203	50797798
	合欢路2号二楼	200135	
	环湖西一路99号主楼一楼	201306	
	科苑路1300号二楼	201203	
徐汇区	南宁路999号2号楼2楼	200235	12333
长宁区	金钟路999号A座一楼	200335	12333
普陀区	同普路602号一楼受理大厅	200333	12333
虹口区	中山北一路1230号柏树大厦A区一楼	200437	65071579
杨浦区	淞沪路605号C—D座一楼	200433	33193322
黄浦区	中山南一路555号	200023	12333
静安区	秣陵路38号三楼	200070	33094072
宝山区	友谊路1688号(铁山路1088号)	201901	56160213
闵行区	水清路388号	201199	52967576
	东川路555号1号楼	200241	61202567
嘉定区	嘉戬公路118号三楼北区就业人才专区	201808	69530382
金山区	龙山路555号B15窗口	200540	57922206
松江区	乐都西路867—871号5号楼底楼	201699	67848636
青浦区	北青公路8098号	201707	33862072
奉贤区	南桥镇望园南路1529弄B栋2楼	201400	67137600
崇明区	城桥镇翠竹路1501号1楼	202150	69696988-8113
自贸区保税区管理局	菲拉路55号人才大厦办事大厅5号、6号窗口	200131	38453139 38453926
	日京路38号办事大厅8号窗口	200131	22043562
虹桥商务区	申虹路33号一楼	201106	34733833

图书在版编目(CIP)数据

人力资源和社会保障管理实务手册. 2020 / 上海市劳动和社会保障学会编 .— 上海 ：上海社会科学院出版社，2020
ISBN 978-7-5520-3194-2

Ⅰ. ①人… Ⅱ. ①上… Ⅲ. ①人力资源管理—中国—手册 ②社会保障—中国—手册 Ⅳ. ①F249.21-62 ②D632.1-62

中国版本图书馆 CIP 数据核字(2020)第 099246 号

人力资源和社会保障管理实务手册 2020

编　　者：上海市劳动和社会保障学会
主　　编：唐　毅
责任编辑：陈如江
封面设计：孙汇龙
出版发行：上海社会科学院出版社
上海顺昌路 622 号　邮编 200025
电话总机 021-63315947　销售热线 021-53063735
http://www.sassp.cn　E-mail:sassp@sassp.cn
照　　排：南京理工出版信息技术有限公司
印　　刷：上海铁路印刷有限公司
开　　本：889×1194 毫米　1/32 开
印　　张：7.25
字　　数：290 千字
版　　次：2020 年 7 月第 1 版　2020 年 7 月第 1 次印刷

ISBN 978-7-5520-3194-2/F·619　定价：40.00 元